Buch

Die drei wichtigsten Lebensvoraussetzungen – Luft, Wasser, Nahrung – sind gefährdet. Unser Planet Erde hält uns am Leben, und doch befindet sich die Menschheit mit der Erde immer mehr auf Kollisionskurs. In dem Maße, wie wir den Boden zerstören und vergiften, Luft und Wasser verschmutzen und andere Ressourcen ausplündern, bemerken wir langsam die Auswirkungen, wie den Treibhauseffekt oder Löcher in der Ozonschicht.
Wir spielen mit unserem Leben, und das führt zu allen möglichen Krankheiten, insbesondere Herzerkrankungen und Krebs. Der Autor zeigt viele dieser Zusammenhänge auf und beschreibt, wie Sie sich vor Krankheiten schützen und wie Sie dazu beitragen können, daß unsere Umwelt nicht weiter zerstört wird und lebenswert bleibt.

Autor

Harvey Diamond ist Direktor der Abteilung für Ernährung des Internationalen Gesundheitssystems in Santa Monica, Kalifornien. Neben der Tätigkeit in seiner Praxis, seinen Vorträgen und Kursen sowie seiner schriftstellerischen Arbeit gilt er als führender Gesundheitsberater in den USA.

HARVEY DIAMOND
UNSER HERZ, UNSERE ERDE

GOLDMANN VERLAG

Titel der Originalausgabe:
Your Heart – Your Planet

Umwelthinweis:
Alle bedruckten Materialien dieses Taschenbuchs
sind chlorfrei und umweltschonend.
Das Papier enthält Recycling-Anteile.

Der Goldmann Verlag
ist ein Unternehmen der Verlagsgruppe Bertelsmann

Genehmigte Taschenbuchausgabe 1993
© der deutschsprachigen Rechte 1991
by Waldthausen Verlag, Ritterhude
Umschlaggestaltung: Design Team München
Umschlagfoto: The Image Bank/Oresnik, München
Satz: Uhl + Massopust, Aalen
Druck: Elsnerdruck, Berlin
Verlagsnummer: 13639
Ba · Herstellung: Sebastian Strohmaier
Made in Germany
ISBN 3-442-13639-3

1 3 5 7 9 10 8 6 4 2

Dieses Buch ist

Francisco »Chico« Mendes

gewidmet, der in den brasilianischen Regenwäldern des Amazonas geboren wurde und dort aufwuchs. Sein Kampf galt der Bewahrung seiner geliebten Wälder; er wollte nicht, daß sie von den Viehzüchtern zerstört würden. Am 22. Dezember 1988 brachte man ihn deswegen um. Er war 44 Jahre alt geworden.

Inhaltsverzeichnis

Dank 9
Einführung 11

Teil I: Das Dilemma 21
Teil II: Die Lösung 101

Anhang
  Machen Sie mit beim V-Tag! 147
  Organisationen 148
  Buchempfehlungen 152
  Anmerkungen 155
  Register 178

Dank

Ich möchte meiner liebenswerten und fürsorglichen Frau Marilyn Dank sagen, deren Engagement für jeden Kranken, der ihr begegnet, ein leuchtendes Vorbild ist. Besonderen Dank verdient Chuck Ashman, der nicht nur ein Berater und Manager von ungewöhnlichem Geschick ist, sondern auch ein wirklicher und lieber Freund, der immer da ist, wenn man ihn braucht.

Vielen Dank auch Dir, John Robbins, für Deine Fürsorglichkeit: dafür, daß Du die Sorge um unseren Planeten Erde und um unsere Kinder vor Deine eigenen persönlichen Bedürfnisse stellst, und dafür, daß Du mir die Augen für dieses Thema geöffnet hast. Dank auch an Robin Hur, der sich der Heilung unseres Planeten vollkommen verschrieben hat. Deine unermüdlichen Anstrengungen, Robin, die Einflüsse zu erforschen und aufzulisten, die die Umwelt auf unserer Erde beeinträchtigen, haben Dich zu einem der kenntnisreichsten Menschen auf diesem Gebiet gemacht.

Dank Euch, Beau, Lisa und Greg, meinen Kindern, die dieser Arbeit erst Sinn geben.

Und ein Dank schließlich an den Verlag Hay House, insbesondere an Andrew Ettinger, Linda Tomchin und Louise Hay, die es mit ihrer Sorge, Leidenschaft und Hingabe ermöglichten, daß dieses Buch veröffentlicht werden konnte.

Einführung

Mit ziemlicher Sicherheit kann gesagt werden, daß fast jeder von uns, hätte er drei Wünsche frei, sich – neben Wohlstand und Macht – eine strahlende, stabile Gesundheit wünschen würde. Welchen Wert hätten denn auch die beiden ersten Gaben, wenn der Mensch nicht gesund wäre, um sich daran zu freuen?

Wer unter uns ist *nicht* an seiner Gesundheit interessiert? Keiner möchte krank sein oder ein medizinischer Fall werden. Uns und unseren Nächsten wünschen wir alle von ganzem Herzen eine strahlende Gesundheit.

Wenn Sie Ihre Gesundheit beurteilen wollen, dann müssen Sie zwei Faktoren betrachten, die beide eng miteinander verbunden und eigentlich untrennbar sind: Ihr eigenes persönliches Wohlbefinden und das Wohlergehen des Planeten Erde – der letztlich Ihr Leben aufrechterhält. Es gibt überhaupt keinen Unterschied zwischen den hochtechnisierten, fortschrittlichen, lebenserhaltenden

Systemen, die in den Krankenhäusern angewandt werden, und unserem Planeten. Beide sind dazu da, uns am Leben zu erhalten.

Die drei wichtigsten Lebensvoraussetzungen sind Luft, Wasser, Nahrung. Alle drei sind Geschenke unseres Planeten, und so ist es durchaus nicht nur bildhaft gemeint, wenn ich sage, daß der Planet Erde Sie – *uns* – am Leben erhält. Auf einer Konferenz, die sich mit der Regeneration der Erde befaßte und von der UCLA-School of Medicine (University of Californien in Los Angeles) organisiert worden war, wurde festgestellt: *»Verantwortung für die eigene Gesundheit zu übernehmen bedeutet, sich auch um Verständnis für die Umwelteinflüsse zu bemühen, die unser Wohlbefinden beeinträchtigen.«*

Halten Sie sich folgendes tragisches Szenario vor Augen. Jemand, den Sie sehr lieben, liegt im Krankenhaus und ist vollständig von den lebenserhaltenden Systemen, die man ihm dort bietet, abhängig. Sie besuchen diesen Menschen, der Ihnen viel bedeutet, und Sie stellen mit Erstaunen fest, daß die Ausrüstung, die zwischen Leben und Tod Ihres Freundes entscheidet, ein ineffizientes Sammelsurium gebrauchter Waschmaschinenteile, alter Hebel und Rollen ist und sonst aus irgendwelchen Stücken und Teilen längst ausgedienter Maschinen besteht: eine Apparatur, die vor sich hin scheppert, und klappert, als falle eine schlecht aufeinander abgestimmte, vierköpfige Musikband die Treppe hinunter. Als nun diese zusammengestoppelte Maschinerie gerade ihren letzten Seufzer von sich zu geben scheint, betritt eine dicke, schlampig gekleidete, zigarettenrauchende »Schwester« den Raum und sorgt mit einem donnernden Tritt dafür, daß die zusammenbrechende Apparatur ihren Geist nicht aufgibt. So schnell, wie sie gekommen war, verläßt sie auch wieder den Raum und hinterläßt eine Wolke von Körperausdünstungen und Tabakqualm. Stellen Sie sich die Wut vor, die Sie in solch einem Moment ergriffe: Gäbe es überhaupt Worte, sie zu beschreiben?

So ist es nun einmal: Wenn jemand, den wir sehr gern haben, oder gar wir selbst sich auf ein lebenserhaltendes System verlassen muß, wollen wir darauf vertrauen können, daß alles reibungslos läuft und Verantwortliche, die das System am Laufen halten, gut ausgebildet und absolut zuverlässig sind. Die Lebensgrundlagen aber, mit denen wir untrennbar verbunden sind, verdienen diese weniger Sorge und Aufmerksamkeit? Wohl kaum. Und doch befinden sich die Bewohner unseres herrlichen Planeten Erde in diesem Moment auf Kollisionskurs. Und in dem Maß, wie wir unseren

Planeten zunehmend mißbrauchen, seine Bodendecke zerstören und vergiften, Bäume fällen, Luft und Wasser verschmutzen und andere Ressourcen ausplündern, bemerken wir langsam die Rückwirkungen dieser Aktivitäten. Sind wir uns nicht schon alle des Treibhauseffekts bewußt? Der globalen Erwärmung? Der Löcher in der Ozonschicht, die uns vor den schädlichen ultravioletten Strahlen schützen soll? Und was ist mit den Millionen Tonnen Gift, die in die Böden und in das Wasser gelangen und in die Luft geblasen werden? Wir wissen, daß der Kohlendioxydpegel durch die Verbrennung fossiler Energien inzwischen mit alarmierender Geschwindigkeit anwächst, während die Bäume, die Kohlendioxyd aufnehmen, ebenfalls in Rekordgeschwindigkeit abgeholzt werden.

Die Umwelt auf unserer Erde, also unser lebenserhaltendes System, ringt schon nach Luft und schreit um Hilfe, schreit so, wie sie nur dies eben kann. Wollen wir das ignorieren? Wollen wir uns wirklich nur mit anderen Dingen befassen, in der Hoffnung, daß andere gegen die Krise angehen, bevor es zu spät ist? Das wäre so, als stünden wir bei einem Freund, der sich in einer fast hoffnungslosen Lage befindet, wie ich sie gerade beschrieben habe, und wir würden trotzdem seine

Beschwerden nicht registrieren und würden nichts unternehmen. Nichts zu tun bedeutet, einen langsamen Selbstmord zuzulassen, unsere Kinder einer ungewissen Zukunft auszuliefern, mit der sie sich dann herumzuschlagen haben, obgleich sie dafür gar nicht verantwortlich sind.

Doch keine Angst: Glauben Sie nun nicht, jetzt käme eine moralisierende Weltuntergangstirade auf Sie zu, mit schrecklichen Bildern, die beschreiben, was wird, wenn sich nichts ändert. *Dieses* Buch ist nicht so. Ganz im Gegenteil. Wir *befinden* uns zwar an einer Wegscheide, das ist ziemlich gewiß; doch wir haben den »point of no return« noch *nicht* überschritten. Davon sind wir noch weit entfernt. Zwar können wir es uns überhaupt nicht mehr leisten, unsere Situation unbeachtet zu lassen oder zu hoffen, daß sich alles schon irgendwie von selbst wieder einrenken werde. Das können wir uns nicht leisten, und wir werden es uns nicht leisten. Und doch ist ein Ausweg aus dem Dilemma nah bei der Hand. Die Probleme haben ein Ausmaß erreicht, daß sie vielen schon unüberwindbar erscheinen. Und doch gibt es Gegenmaßnahmen, die einfach und wirkungsvoll sind. Wenn Sie wissen, wie, dann müssen Sie auch handeln. Sie *selbst* können etwas tun! In der Tat: Ohne Sie gibt es kaum Hoffnung.

Lassen Sie mich eine rhetorische Frage stellen. Angenommen, Sie befinden sich auf dem Weg in die Stadt zu einem wichtigen Termin und sehen unterwegs einen brennenden Wald. Das Feuer bewegt sich schnell auf die Stadt zu. Angenommen, Sie sind der einzige Mensch, der sich zu dieser Stunde auf der Straße befindet. Fahren Sie dann einfach weiter in der Hoffnung, daß irgend jemand die Feuerwehr schon rechtzeitig anrufen wird? Oder würden Sie nicht sofort ans nächste Telefon gehen, um *sicher*zustellen, daß die Feuerwehr von dem Brand erfährt?

Bedenken Sie, wie wenig es bedurfte, um zu verhindern, daß das Feuer zu einer wirklichen Katastrophe wird. Es ist kaum vorstellbar, daß Sie nicht die Feuerwehr angerufen hätten. Dieses Szenario kann durchaus verglichen werden mit unserer augenblicklichen Situation: Auch wir stehen vor einer drohenden Katastrophe und sind in der Lage, weiteres Unheil abzuwenden, so daß uns und unseren Kindern eine sichere Zukunft winkt. Es bedarf nur einer relativ leichten Anstrengung Ihrerseits, die schon zur Verbesserung unserer Lebensgrundlagen werden kann, wodurch Sie *gleichzeitig* auch Ihre eigene, persönliche Gesundheit stärken.

Wenn es so ist, daß eine kleine, fast unscheinbare Anstrengung Ihrerseits tatsächlich schon sichtbare Resultate hervorbringen kann – kann es dann irgend etwas geben, was Sie davon *abhalten* könnte, Ihren Beitrag zu leisten bei einer so wichtigen Angelegenheit?

Wenn wir uns mit dem weitreichenden, facettenreichen Thema der Gesundheit befassen und all die verschiedenen Aspekte in Betracht ziehen, von denen unsere Gesundheit berührt wird, und dann noch die ungeheure Menge an Informationen hinzufügen, die sich mit den Auswirkungen der menschlichen Zivilisation auf die Umwelt befassen, dann stehen wir vor einer so unglaublichen Datenmenge, daß unser Intellekt praktisch lahmgelegt wird. Man könnte meinen, daß ein Buch, das diesem Thema *und* seinen Lösungsmöglichkeiten gewidmet ist, so viel wiegt, daß man es überhaupt nicht hochheben könnte. Und doch halten Sie in Ihrer Hand ein Buch, das die Probleme genau umreißt, das sehr viel verspricht und trotzdem keinen großen Umfang hat.

Wie kann das angehen? Als ich mich mit dem ungeheuren Datenberg zu unserer Umweltkrise zu befassen begann, kam ich zu dem Schluß, daß es ein vergeblicher Versuch wäre, all diese Dinge in dieses Buch hineinzupacken. Eine derart ausführliche Darstellung würde den Leser zu sehr beanspruchen und entmutigen, denn dieser sucht doch meistens nach *einfachen* Anworten, wenn es um komplizierte Zusammenhänge geht.

Gegenwärtig gibt es sowieso keinen Mangel an Hiobsbotschaften über das, was uns bevorsteht. Manches davon ist in der Tat erschreckend, doch andererseits will ich nicht, daß Sie den Eindruck bekommen, dieses Buch falle in diese Kategorie. Es tut es nicht. Ja, es beschreibt den Zustand unseres Planeten und zeigt eine der möglichen Folgen auf, die wir zu erwarten haben, wenn wir die Dinge weiter mißachten und von uns weisen. Viel wichtiger ist, daß es eine Botschaft ist, die voller Ermutigung und Optimismus steckt. Ich stimme denen, die sagen, es sei zu spät und wir hätten keine Hoffnung mehr, ganz und gar nicht zu. Es ist *niemals* zu spät. Es gibt *immer* Hoffnung. Heilung, Gesundung ist ein unabdingbarer Teil unseres Lebens, so wie alles andere auch. *Die Gesundung aber schreitet in dem Maße fort, in dem sie benötigt wird. Wir – Sie und ich –, wir alle sind in der Lage, diesen Gesundungsprozeß zu unterstützen.*

Vor diesem Hintergrund war meine Aufgabe klar. Ich *wußte*, daß sich die Menschen über Dinge, an denen nicht mehr zu zweifeln ist, Sorgen machen. Doch die meisten, die ich kenne und denen gezeigt wurde, wie sie mitmachen können, ergriffen die Gelegenheit, als ihnen erst einmal klar geworden war, welche Folgen Nichtstun hat. Und so stellte ich mir die Aufgabe, eine Formel auszuarbeiten, die leicht verstanden und leicht umgesetzt werden kann, die die größtmögliche Wirkung erzielt, mit einem minimalen Aufwand auskommt und in kürzester Zeit greift.

Und so biete ich Ihnen mit diesem Buch eine doppelte Chance an:

1. Es soll Ihnen rasch dabei helfen, überhaupt erst einmal das Bewußtsein zu entwickeln, daß unsere Erde der Heilung bedarf – ein Thema, das von außerordentlicher Bedeutung für uns alle ist.
2. Ich möchte Ihnen einen Weg zeigen, der von Ihnen auf der einen Seite nur einen geringen Einsatz erfordert, Ihnen und Ihren Freunden aber auf der anderen Seite hilft, Ihre Gesundheit und Ihre Vitalität zu verbessern und gleichzeitig positive Effekte für unsere Umwelt hat.

Dies ist eine großartige Gelegenheit mitzuarbeiten – zugunsten von Mutter Natur. Hierbei ist die konzertierte Bemühung eines jeden, der sich Sorgen macht, erforderlich. Es besteht jetzt ein gewaltiger Bedarf an korrektiven Maßnahmen, und es ist deshalb zwingend erforderlich, daß wir nicht das Ziel aus dem Auge verlieren und nur die vergangenen, kurzsichtigen »Altlasten« und Versäumnisse anklagen oder uns zersplittern und gegenseititg befehden. Dies führt nur zu nutzlosen Anklagen und fruchtloser Gewalt, zwei Dinge, die absolut kontraproduktiv sind und nur dazu angetan sind, das ganze Bemühen zu untergraben.

Wenn jemand einen Stein auf Sie wirft, was tun Sie dann? Entfernen Sie sich nicht von dieser Person, um nicht getroffen zu werden? Bei dieser Unternehmung können wir es uns nicht leisten, uns voneinander zu entfernen. Wir müssen alle zusammenarbeiten – Aktivitäten, die uns auseinanderdividieren und die Aufmerksamkeit auf individuelle Unterschiede statt auf Lösungen lenken, haben hier keinen Platz. Dies ist jetzt nicht die Zeit für Konflikte. Es ist die Zeit für den Kompromiß und die Kooperation. Es ist nicht die Zeit für Feindseligkeiten. Es ist die Zeit für die Heilung und für die Harmonie.

Teil I
Das Dilemma

Mein Herz

Wie lautet jener besondere Kosename, den wir Menschen geben, die wir gern haben?

»Mein Herzblatt«.

Wie drücken wir uns aus, wenn wir ohne Zeitverlust direkt auf den Punkt kommen wollen?

»Wir wollen zum Kern der Dinge kommen.«

(Am.: »Let's go to the heart of the matter«; »Wir wollen zum Herz der Dinge kommen.«)

Welches sind die Worte, mit denen wir unsere ganz besondere Dankbarkeit ausdrücken?

»Ich möchte Ihnen von ganzem Herzen danken.«

»Ich liebe dich von ganzem Herzen« – auf diese Weise können wir ausdrücken, wie sehr wir jemanden lieben.

Am Valentinstag, der uns hier in den USA besonders heilig ist, senden die Menschen im ganzen Land allen, die sie lieben, liebe Botschaften – Botschaften an ihre Liebsten. Sein Symbol ist das Herz. Wie passend doch dieses Symbol ist! Wenn wir das menschliche Herz betrachten, mit seinem

Pumpen- und dem ganzen Kreislaufsystem von Arterien und Gefäßen, dann haben wir ein Instrument unaussprechlicher *Präzision*, *Komplexität* und *Perfektion* vor Augen. Das Herz ist ein nur etwa faustgroßes Wunder der Konstruktion, das fortwährend, *nonstop*, 24 Stunden am Tag unermüdlich arbeitet – Jahrzehnte, und wenn es sein muß, ein ganzes Jahrhundert lang.

Das Herz ist ein Meisterstück an Stärke und Ausdauer. Annähernd 100 000mal am Tag schlägt es, Tag für Tag.

In einem Leben schlägt es zweieinhalb milliardenmal ... und pumpt dabei durchschnittlich sechs Liter Blut durch gut und gern 150 000 Kilometer Blutgefäße hindurch, jede Minute!

Das entspricht mehr als 25 000 Litern, die täglich gepumpt werden, oder mehr als einer halben Milliarde Liter innerhalb eines Lebens.

Von dem ständigen Fließen des Blutes hängt das ganze Leben ab. Jedes Organ, jede *Zelle* unseres Körpers wird in diesem Blut, das durch das Herz gepumpt wird, gereinigt und genährt.

Wenn irgendein Teil unseres Körpers nicht mit dem Sauerstoff des Blutes versorgt wird, verfällt er sehr rasch und stirbt.

Das Herz mit seinem Pumpensystem ist so wunderbar, daß die Wissenschaftler selbst mit der modernsten Technik, die zur Verfügung steht, bei dem Versuch, es nachzubauen, erfolglos bleiben. Die Herzklappen zum Beispiel sind dünner als Seidenpapier, gleichzeitig aber robuster als Stahl.

Wenn die Chirurgen Herzklappen durch Silikonteile ersetzen, dann sind die harten, von Menschenhand gemachten Materialien schon nach wenigen Jahren lädiert und verlieren ihre Form.

Das zarte, dauerhafte Gewebe eines gesunden Herzens hingegen behält seine Kraft und hält den Herzschlag ein ganzes Leben aus.

Und wir alle besitzen diese wunderbare Maschine, die fortwährend in unserer Brust schlägt und uns Leben schenkt.

Jede Anstrengung, die Sie unternehmen, um Ihr Herz zu schützen und zu stärken, ist gut investierte Zeit. Leider jedoch wird unseren Herzen – Ihrem, dem Ihrer Eltern und Ihrer Kinder, unser aller Herzen – schwer zugesetzt.

Ein Krieg wird gegen unsere Herzen geführt, und der Feind ist im Begriff, die Oberhand zu gewinnen.

Dies wird solange währen, solange *wir* dies zulassen. Wir können dem ein Ende setzen, wir können es *jetzt sofort*!

Wer ist aber der Feind unseres Herzens, und wie schützen wir uns vor ihm?

Arterio... was?

Erst einmal sei der Schurke genannt, der es darauf abgesehen hat, unsere Herzen zu zerstören, die Arteriosklerose.

Das ist das lange, schwierige Wort, das Sie sicher schon gehört, vielleicht aber nicht ganz verstanden haben. Denken Sie daran, daß unser Körper etwa 150 000 Kilometer Arterien und Venen besitzt, über die das mit Sauerstoff angereicherte Blut zu jeder Zelle transportiert wird.

Einfach ausgedrückt bedeutet Arteriosklerose, daß sich die Arterien verstopfen, verengen und schließen. Wenn sich die Arterien, die das Blut zu den Herzmuskeln führen, verschließen, dann ist die Folge ein Herzanfall, der mit großer Wahrscheinlichkeit zum Tode führt – die sogenannte koronare Herzerkrankung.

Wenn dagegen die Arterien, die das Gehirn ernähren, verstopft sind, dann ist die Folge ein Schlaganfall. Und wenn wir nun all die Todesfälle, die die Folgen von kardiovaskulären Krankheiten sind, zusammenzählen, dann kommen wir auf eine Ziffer von vielen Millionen Menschen, die jedes Jahr daran sterben.[1]

Etwa alle 35 Sekunden, Tag und Nacht, *24 Stunden am Tag, stirbt jemand an diesen Krankheiten.*[2]

Die Statistiken sagen, daß kardiovaskuläre Krankheiten weit mehr als nur die Nummer eins unter den Todesursachen sind in den westlichen Ländern. Wenn man alle anderen krankheitsbedingten Todesursachen zusammenzählt – Krebs, Lungenerkrankungen, Diabetes –, dann übersteigt die Zahl derer, die an arteriosklerotischen oder kardiovaskulären Erkrankungen sterben, noch immer die Zahl aller anderen krankheitsbedingten Todesfälle.[3]

Es handelt sich hierbei um ein derart drängendes Problem, daß eine schockierende Untersuchung inzwischen zu dem Ergebnis kam, daß 98 Prozent unserer Kinder schon Symptome von Herzerkrankungen aufweisen.[4]

Wie gehen wir mit der Arteriosklerose um? Was ist ihre eigentliche Ursache, und wie können wir uns vor ihr schützen? Mag sein, daß es Sie überraschen wird, zu hören, daß Arteriosklerose in fast allen Fällen von uns selbst verursacht wird, aber auch wieder unter Kontrolle gebracht werden kann.

Es ist kein Geheimnis

Arteriosklerose »befällt« einen nicht, noch ist sie »zufällig«, noch ist sie auf irgendeine Art mysteriös. Alle jüngsten umfassenden Untersuchungen sind zu dem Ergebnis gekommen, daß eine Ernährungsweise mit hohen Anteilen an gesättigten Fettsäuren und Cholesterin die Arteriosklerose hervorruft, die wiederum in Herzerkrankungen und Schlaganfällen einmündet.

Diese Information gewinnt noch an Bedeutung, wenn wir hören, daß bei den vielen Millionen Sterbefällen aus den zehn führenden Todesursachen in den Vereinigten Staaten die Ernährung bei 65 Prozent der Fälle eine ausschlaggebende Rolle spielt. Wenn man dann noch die Todesfälle abzieht, die mit Selbstmord, mit Verletzungen – z. B. Autounfällen – in Zusammenhang stehen, dann beträgt der Prozentsatz der Todesfälle, bei denen die Ernährung eine Rolle spielt, annähernd 75 Prozent.

Welches sind nun die Lebensmittel, die diesen schrecklichen Anteil senken können?

Früchte, Salate, Gemüse sowie Nüsse und Samen.

Und welche Nahrungsmittel sind langfristig verantwortlich für die gesättigten Fettsäuren und das Cholesterin, das sich in unseren Arterien zusammenklumpt und uns langsam tötet? Erneut ist sich die Forschung hier einig: Es sind tierische Produkte wie Fleisch, Fisch, Milch und Milchprodukte sowie Eier.

Die Beweise liegen auf dem Tisch. Sie sind überwältigend und unbestreitbar. Sie sind absolut, und sie sind beeindruckend.

Je mehr Früchte, Salate, Gemüse, Nüsse und Samen Sie essen, desto mehr senken Sie das Risiko verstopfter Arterien.

Je mehr tierische Produkte Sie essen, desto eher sterben Sie an den Folgen der Arteriosklerose.

Hilfe von Wissenschaftlern

Der Zusammenhang zwischen Tierprodukten und Arteriosklerose ist so offenkundig, daß wir am 7. Oktober 1988 hier in den USA endlich die längst überfällige Bestätigung der Notwendigkeit, den Verzehr von Tierprodukten zu verringern, in den Händen halten konnten. An diesem Tag veröffentlichte der Generalstabsarzt *Dr. C. Everett Koop* den »Nahrungs- und Gesundheitsbericht«.

Dieser Report, der auf der Grundlage von über zweitausend wissenschaftlichen Untersuchungen aufbaut, ließ keinen Zweifel daran, daß unsere normale, fleischorientierte und mit Fetten überladene Nahrung »*Millionen frühzeitig tötet und das Leben von Dutzenden Millionen ruiniert*«. So *Dr. Koops* eigene Worte.

Der Report legte die Reduzierung des Verzehrs von Tierprodukten fest, begleitet von einer gleichzeitigen Verstärkung des Verzehrs von Früchten, Salaten, Gemüse, Nüssen, Samen und Getreide.

Im März 1989 veröffentlichte der Nationale Forschungsrat, der verlängerte Arm der Nationalen Akademie der Wissenschaften, seine eigenen Ernährungsrichtlinien und unterstrich damit den bahnbrechenden Report des Generalstabsarztes noch. Mit diesem zweiten Report hatte der Forschungsrat zum ersten Mal eindeutige Ernährungsempfehlungen ausgesprochen. Sein Expertengremium hatte drei Jahre gebraucht, um annähernd 6000 Studien zu prüfen und den 1400-Seiten-Report zusammenzustellen. So überrascht es nicht, daß sich dieser Report wie ein Echo auf die Empfehlungen des Generalstabsarztes liest.

Das Urteil lautet...

Zu ähnlichen Schlüssen ist inzwischen das Nationale Kriegsinstitut gelangt...

... und die amerikanische Herzgesellschaft ...
... und die Weltgesundheitsorganisation.

Und nahezu jede andere Institution in den Vereinigten Staaten, die sich mit der Gesundheit befaßt.

Selbst das Nationale Gesundheitsinstitut der Regierung hat angesichts der Debatte, ob die Ernährung tatsächlich eine Auswirkung auf den Cholesterinspiegel des Blutes und auf die Lebenserwartung hat, seine Empfehlungen ausgesprochen. Das Institut stellt fest, daß »*die Beziehung zwischen hohem Cholesterinanteil des Blutes und den Herzkrankheiten außer Zweifel steht und daß es einen unbestreitbaren Nutzen hat, wenn man den Cholesterinspiegel des Blutes senkt*«.[4A]

Selbst schon ein kleines Mehr an Früchten, Salaten, Gemüse und Vollkorn in Ihrer Nahrung und eine leichte Reduzierung Ihres Verzehrs an Tierprodukten gibt Ihnen deutlich mehr Schutz gegenüber der Arteriosklerose.

Erziehung oder Indoktrination?

Welch eine Erleichterung muß dies für so viele Menschen sein! Insbesondere, seit wir kollektiv regelrecht bombardiert worden sind von einer

Werbung, die uns weismachen wollte, daß wir immer noch größere Mengen an Tierprodukten verzehren sollten – ausgerechnet zum Zwecke der Gesundheit.

Ich erinnere mich noch an die Zeit, als ich zur Schule ging und man uns beeindruckende farbige Schautafeln vorführte, die von der Bedeutung der vier Nahrungsgruppen sprachen – zwei davon bestanden aus Fett und cholesterinhaltigem Fleisch und Milchprodukten. Nun habe ich festgestellt, daß diese Schautafeln von dem Nationalen Rat der Milchwirtschaft stammten! Wo gibt es einen günstigeren Ort, um Kinder, die noch beeindruckt werden können, zu indoktrinieren, als das Klassenzimmer, wo man ihnen das Lesen und Schreiben beibringt!

Heute stelle ich fest, daß es nun das Fernsehen ist, das dort fortfährt, wo das Klassenzimmer aufgehört hatte. Raffinierte Werbespots versuchen, uns Sprüche wie »Fleisch ist Lebenskraft« einzuimpfen.

Was wird denn aus denen, die Fleisch essen? Androiden? Anzeigen werden gestaltet für »unglaublichen Ei-Genuß«, und Werbefilme erzählen uns, daß »Milch für jeden gut ist«. In der Vergangenheit haben wir dieser Werbung zu viel Glauben geschenkt und waren bemüht, täglich unsere Ration »Eiweiß« und Milch zu erhalten, und viele tun es noch heute.

Inzwischen hat es eine Fülle von wissenschaftlich abgestützten Kampagnen gegeben, die uns überzeugen sollten, daß wir besser den Verzehr von Tierprodukten verringern sollten, um das Risiko einer Herzerkrankung zu reduzieren. Vor diesem Hintergrund erkennen wir jetzt, was jene Werbekampagnen im Grunde genommen nur sind: der offenkundige Versuch, industrielle Gewinne zu steigern, auf Kosten unserer Gesundheit *und* der Gesundheit unserer Kinder. Doch Tag für Tag kommen jetzt immer mehr Menschen zu der Erkenntnis, daß etwas nicht stimmen kann mit den Werbeaussagen.

In einer Gesellschaft, wo der Verzehr von Tierprodukten zum Lebensstil geworden ist, erfahren wir nun von unseren Wissenschaftlern und Medizinern, daß unser Verhalten im Hinblick auf tierische Produkte tödlich ist.

Cholesterin – nein danke!

Während der letzten paar Jahre ist das Bewußtsein hinsichtlich Cholesterin und seinen schädlichen Nebenwirkungen in unserer Ernährung ganz gewiß sehr gewachsen. Zahlreiche Bücher erscheinen zu dem Thema. Die Menschen sind sich inzwischen über die Rolle des Cholesterins bei Herzkrankheiten bewußt geworden, und so unternehmen sie jede Anstrengung, um ihren Cholesterinspiegel zu senken.

Cholesterin wächst nicht auf Bäumen

Noch immer gibt es jedoch eine gewisse Verwirrung in der Frage, wo Cholesterin tatsächlich auftaucht.

Erlauben Sie mir, dieser Verwirrung ein für allemal ein Ende zu setzen. Cholesterin wird in der tierischen Leber und in den Zellen von Tieren produziert – *nirgendwo sonst auf der Erde.*

Das ist weder eine Privatmeinung noch eine Spekulation. Es ist die Tatsache. Was immer Sie essen – wenn es keine Leber besaß, dann kann es kein Cholesterin enthalten! Mit anderen Worten: Wenn Sie Lebensmittel zu sich nehmen, die aus dem Pflanzenreich stammen, dann ist es unmöglich, Cholesterin aufzunehmen.

Überraschenderweise werde ich häufig gefragt: *»Aber was ist mit Avocados?«* Ich antworte immer mit einer Gegenfrage: *»Haben Avocados eine Le-*

ber?« Es gibt absolut *kein* Cholesterin in Lebensmitteln, die auf dem Boden wachsen.

Sie können Früchte, Gemüse, Salate, Nüsse, Samen und Getreide essen, soviel Sie mögen, und werden nicht einmal *ein* Milligramm Cholesterin dabei zu sich nehmen.

Die eine und einzige Quelle von Cholesterin sind tierische Produkte. Der Grund, warum das Cholesterin so heiß diskutiert wird, ist darin zu suchen, daß wir alle zu viele tierische Produkte zu uns nehmen. Die Formel, den Cholesterinspiegel in Ihrem Blut zu senken, ist deshalb einfach:

Reduzieren Sie Ihren Verzehr von Tierprodukten!

Mit diesem Wissen sind Sie in der Lage, sich vor der Nummer eins der Todesursachen zu schützen – den Herzkrankheiten.

Und Sie verringern damit gleichzeitig auch Ihr Risiko, an der Nummer zwei der Todesursachen zu sterben: an Krebs.

Mitte 1989 kündigte die Amerikanische Krebsgesellschaft Pläne an, die teuerste Untersuchung zu starten, die jemals in der Geschichte durchgeführt worden war, um eine Beziehung zwischen Nahrung und Krebs festzustellen. Die Studie will die Daten von 50 Millionen Menschen durchforsten, wird 126 Millionen Dollar kosten und am Ende sicher keinen Zweifel mehr daran lassen, daß die Krebsrate in den nächsten 15 bis 20 Jahren halbiert werden kann, wenn, bei gleichzeitiger Reduzierung des Tabak- und Alkoholkonsums, die Menschen »*den Verzehr von Fett drastisch reduzieren und den Verzehr von Obst und Gemüse drastisch steigern*«.[5]

Sie haben die Wahl

Wenn Sie sich vergegenwärtigen, daß wir jetzt ganz allgemein ermutigt werden, den Verzehr von Lebensmitteln, die reich an Ballaststoffen und komplexen Kohlenhydraten sind, zu *erhöhen* und den Verzehr von Nahrungsmitteln, die reich an gesättigten Fettsäuren und Cholesterin sind, zu *senken*, dann ist es doch absurd, daß wir noch immer mehr Tierprodukte als jedes andere Nahrungsmittel essen. Tierprodukte enthalten nicht nur außerordentlich viel gesättigte Fettsäuren und Cholesterin, sondern enthalten auch *keinerlei* Ballaststoffe und komplexe Kohlenhydrate. Mit anderen Worten: Tierprodukte könnten nicht in schärferem Kontrast zu dem stehen, was inzwischen empfohlen wird.

Wenn Sie Medikamente einnehmen und täglich Weizenkleie zu sich nehmen, dann vertuschen Sie nur das Problem, wenn Sie nicht andere Veränderungen in Ihrer Ernährung vornehmen. Wenn Sie große Mengen an Tierprodukten zu sich nehmen und dann gleichzeitig versuchen, den sich daraus ergebenden Cholesterinspiegel mit Medikamenten und Weizenkleie zu senken, dann handeln Sie wie jemand, der seine Garagentür schließt, nachdem sein Wagen gestohlen worden ist.

Der einzige Weg, den Cholesteringehalt in Ihrem Blut zu senken oder vorzusorgen, damit er gar nicht erst zu einem Problem wird, ist, weniger Tierprodukte zu essen.

Für viele wird diese Information sicher ziemlich überraschend sein. Doch was noch mehr überrascht, ist, daß die Reduzierung von Tierprodukten in der Ernährung nicht nur Ihnen persönlich guttun würde, sondern auch einige tiefgreifende Veränderungen in Bereichen nach sich ziehen wird, die Sie wahrscheinlich nicht erwarten würden.

Ein Überblick im großen

Dies gilt für das gesamte Universum: Der Mikrokosmos ahmt den Makrokosmos nach. Was uns als einzelnem geschieht, geschieht unserem Planeten und seiner Gesamtheit. Unser maßloses Verlangen nach Tierprodukten ist nicht nur Raubbau an unserer persönlichen Gesundheit, sondern fordert auch von der Gesundheit des Planeten seinen Tribut.

Wird es Ihnen heiß hier?

Vielleicht haben Sie schon bemerkt, daß die Sorgen über die globale Erwärmung, die durch den »Treibhauseffekt« hervorgerufen werden, zunehmen.

Diese Sorgen sind mehr als berechtigt. Tatsächlich war es nie zuvor in der Geschichte notwendig, daß sich der Mensch über die Atmosphäre der Erde zu sorgen oder sich vor ihr zu fürchten hatte.

Es gibt hier ein verletzliches Gleichgewicht, das fortwährend aufrechterhalten werden muß. Die Atmosphäre der Erde besitzt gerade die richtige Menge an Kohlendioxyd, damit Leben möglich ist. Der Kohlenstoff, der in der Erde lagert, wird fortwährend über das Land, die Ozeane und die Atmosphäre ausgetauscht. Veränderungen im Anteil des Kohlendioxyds rufen aber Veränderungen des Klimas hervor.

Das Klima der Erde wird nur dann aufrechterhalten, wenn die Energiemenge der Sonne, die von unserem Planeten aufgenommen wird, gleich der Menge ist, die an den Weltraum zurückgegeben wird. Dieses Verhältnis aber wird von der Menge des Kohlendioxyds in der Atmosphäre bestimmt. Hielte das Kohlendioxyd nicht genügend Wärme zurück, würde die Hitze, die von der Sonne kommt, von der Erde einfach reflektiert und den Planeten zu kalt lassen, als daß er bewohnbar wäre.

Seit Hunderten von Millionen Jahren hält die Natur das richtige Gleichgewicht von Kohlendioxyd aufrecht und gibt der Erde damit die richtige Temperatur, damit sich Leben entfalten kann. Der technische Fortschritt jedoch hat uns nun die Mittel in die Hand gegeben, dieses labile Gleichgewicht der Natur zu stören. Und dies in einem Ausmaß, *daß* dieses fragile Gleichgewicht schon verändert worden ist.

Seit Beginn der industriellen Revolution wurden unglaubliche Mengen von Kohlendioxyd an die Atmosphäre abgegeben – dadurch, daß man in verstärktem Maße begann, fossile Ressourcen, also Öl, Gas und Kohle, zu verbrennen.

Die Ansammlung des Kohlendioxyds hat inzwischen ein derartiges Ausmaß angenommen, daß es tatsächlich schon die Abstrahlung der Sonnenenergie in den Weltraum zu beeinflussen beginnt. Man kann das mit einer Decke vergleichen, die über die Erde gelegt wird. Die Hitze dringt ein und kann nicht mehr nach außen entweichen. Genau wie ein Treibhaus beginnen sich deshalb die unteren Schichten der Erdatmosphäre aufzuheizen. Die Ansammlung des Kohlendioxyds kann auch mit den geschlossenen Fenstern eines Autos verglichen werden, das in der Sonne stehengelassen wird. Sie lassen die Hitze der Sonne hinein, aber nicht wieder hinaus.

Leider schenkt uns die Erwärmung des Planeten nicht einfach nur ein paar Tage mehr am Strand, vielmehr wird sie begleitet von Auswirkungen, die potentiell katastrophal sind. Dürrezeiten können nicht nur häufiger werden, sondern sich auch ausdehnen und ernster werden. Fragen Sie einfach mal irgend jemanden, der in dem amerikanischen Grüngürtel lebt, der 1980 von einer Rekorddürre heimgesucht worden war, ob es nicht tatsächlich den Anschein hat, als ob sich der Landstrich erwärmt. Die 80er Jahre bescherten uns fünf der heißesten Jahre der gesamten aufgezeichneten Geschichte.[6]

Heiß ist fein

Ein Großteil des antarktischen Kontinents ist von einer Eisschicht bedeckt, die nahezu drei Kilometer dick ist. Dieser massive Eisschild dient der Erde zur Kühlung, denn er wirft wie ein Spiegel das Sonnenlicht zurück. Schrumpft die Eisfläche, dann trifft auf die Erde mehr Sonnenlicht, was wiederum zu einer weiteren Erwärmung des Planeten führt.

Die arktische Eiskappe nördlich Grönlands ist bis zu 80 Prozent an der Rückstrahlung der solaren Strahlung in den Weltraum verantwortlich und schrumpfte in den Jahren von 1976 bis 1987 um 30 Prozent.[7]

Das Ross-Schelfeis ist eine schwimmende Eisplatte von der Größe Frankreichs und wirkt als Barriere, die die gewaltigen Eismassen, die die westliche Antarktis bedecken, zurückhält. Eine Erwärmung kann dazu führen, daß die Kanten dieses Schelfeises an Stabilität verlieren und so diese Barriere zerstört wird, die den instabilen Eisschild der westlichen Antarktis zurückhält. Wenn jedoch der Eisschild der westlichen Antarktis zusammenbricht und schmilzt, kann dies dazu führen, daß der Meeresspiegel um etwa sechs Meter steigt. Überschwemmungen werden dann normal. Selbst schon ein geringer Anstieg des Meeresspiegels kann verheerende Folgen haben. Die Küsten würden immer mehr von Sturmfluten bedroht.

Ist es schon zu spät zum Handeln?

Die Deichschutzämter haben schon begonnen, den Anstieg des Meeresspiegels in ihre Küstenplanung einzubeziehen.[8]

Schon jetzt hat London die Themse eingedeicht, um sich vor dem Gezeitenhub zu schützen, der die Stadt bereits heute bedroht.

1989 gaben die Nationale Ozeanographische und Atmosphärische Verwaltung sowie zwei Wissenschaftler der Universität von Toronto bekannt, und zwar unabhängig voneinander, daß sich die Ozeane doppelt so schnell erwärmen, wie man früher angenommen hatte.[9] Wie jeder andere Stoff dehnen sich die Ozeane dabei aus; der Wasserspiegel steigt, wenn sich Wasser erwärmt.

Ein Bericht der Vereinten Nationen kam zu dem Schluß, daß »*es zu spät ist, den Auswirkungen der globalen Erwärmung entgegenzutreten; die Nationen sollten beginnen, sich auf steigende Meeresspiegel und Ernteverluste einzustellen, die aus dem Treibhauseffekt resultieren.*«

Bedenken Sie dabei bitte, daß klimatische Katastrophen, wie z. B. Hitzewellen, Dürren, Überschwemmungen und Wirbelstürme, mit ständig steigender Häufigkeit auftreten können, wenn sich die Atmosphäre schon um 3 bis 8 Grad Celsius erhöht.[11]

Die amerikanische Umweltschutzbehörde bestätigt, daß sich bei anhaltender Entwicklung das Klima in den nächsten hundert Jahren so stark verändern wird wie in den vergangenen 18 000 Jahren zuvor... seit der letzten Eiszeit.[12]

Ein wirkliches Problem

Richard Sommerville leitet das Scripps Institute der Oceanography's Climate Research Group und gehört zur vordersten Front der internationalen Klimaforschung. Als er gefragt wurde, ob der Treibhauseffekt unser Wetter schon verändert habe, entgegnete er: »*Darüber gibt es in der wissenschaftlichen Gemeinschaft keine Frage mehr: Der Treibhauseffekt ist ein Problem. Noch sind wir nicht einer Meinung, welche Erwärmung wir zu erwarten haben, wie schnell sie eintreten wird und wie sie sich über die Erde verteilen wird. Eine bemerkenswerte Übereinstimmung aber besteht darüber, daß es ein sehr, sehr reales Problem ist.*«[13]

Ganz gewiß sind wir schon jetzt Zeugen von einigen Auswirkungen der Klimaveränderung. Wir können Hitzerekorde am Äquator und Kälterekorde an den Polen feststellen. Die heftige Dürre von 1988 war weltweit zu spüren, ganz besonders in den Vereinigten Staaten und in China.

Lester Brown, namhafter Landwirtschaftsexperte und Präsident des Worldwatch Institute, stellt fest, daß die Weltgetreideernte in den letzten zwei aufeinanderfolgenden Jahren gesunken sei, und zwar um einen Prozentsatz, der *»größer als zu irgendeiner anderen Zeit der Geschichte«* gewesen sei.[14]

Ein Bericht des US-Landwirtschaftsministeriums bestätigte, daß die Winterweizenernte von 1988 die schlechteste seit elf Jahren war.[15] Kansas hatte die schlechteste Ernte seit nahezu einem Vierteljahrhundert.[16] 1988 erzeugten die Vereinigten Staaten, möglicherweise zum ersten Mal in der Geschichte, nicht so viel Nahrung, wie sie verbrauchten.[17] Überschwemmungen in Bangladesh, Wirbelstürme in Zentralamerika und Heuschreckenplagen in Afrika wurden von einem UNO-Beamten als *»die stärksten in der aufgezeichneten Geschichte«* bezeichnet.[18]

Das Worldwatch Institute schätzt, daß die klimabedingten Naturkatastrophen schon jetzt zehn Millionen Umweltflüchtlinge hervorgerufen haben – Menschen, die gezwungen sind, Bereiche zu verlassen, in denen sie nicht mehr genügend Nahrung, trinkbares Wasser und Obdach finden können.[19]

Sicher, die Aussicht einer massiven, globalen Erwärmung wird von den Wissenschaftlern immer noch diskutiert. Doch die Bedeutung dieser Ereignisse kann heute einfach nicht mehr ignoriert werden. Dazu hat man den Treibhauseffekt inzwischen schon zu gut erforscht.

Kein Wunder, daß überall auf der Welt die Menschen von diesem rasch wachsenden Problem in Sorge gestürzt werden. Schon vor einem Jahrzehnt hatte *George F. Kennan*, der bekannte US-Diplomat, vorausgesagt, daß *»Umweltthemen eines Tages für die Regierungen ebenso wichtig werden wie die Rüstungskontrolle.«*[20]

Anfang 1988 hatten sich Umweltminister und andere Delegierte aus 124 Nationen zu einer beispiellosen Konferenz zusammengefunden, um gemeinsam die Probleme unseres gebeutelten Planeten anzugehen und nach Wegen zu suchen, wie die globale Umwelt vor weiterer Zerstörung beschützt werden könnte.

Jetzt liegt es an uns

Ebenso besorgniserregend ist die wachsende Knappheit der Trinkwasserressourcen und die wachsende Verschmutzung des verfügbaren Wassers, und dann natürlich der Mangel an reiner, atembarer Luft.

Wir treten jetzt in die letzte Dekade vor Beginn des 21. Jahrhunderts ein. Die Gesundheit unserer Umwelt und die Gesundheit unseres Planeten, die unser Leben erst möglich machen, ist in unser aller Bewußtsein. Das Umweltthema ist wohl heute das bedeutendste Thema.

Dies ist eine Ansicht, die keineswegs nur geteilt wird von jenen Ökogruppen, die seit langem gefordert haben, der Umwelt mehr Aufmerksamkeit zu schenken.

Die Präsidenten der Nationalen Akademie der Wissenschaften, der Nationalen Ingenieursakademie und des Institute of Medicine stellten gemeinsam fest: *»Wir glauben, daß die globale Umweltveränderung international zum bedrängendsten Thema des nächsten Jahrhunderts werden wird.«*[21]

Der Weltwirtschaftsgipfel in Paris 1989, an dem die sieben größten demokratischen Industrienationen der Welt teilnahmen, stellte am Ende in einem offiziellen Kommuniqué fest, daß zum erstenmal überhaupt die Umwelt oberste Priorität erhalten habe.

Das Kommuniqué, das zweiundzwanzig Seiten umfaßte, widmete volle zehn Seiten der Umwelt. In den vorangegangenen Jahren wurde solchen

Themen allenfalls ein Abschnitt gewidmet. Es stellt eine »*drängende Notwendigkeit*« fest, »*die Umwelt den künftigen Generationen zu erhalten.*«[22]

Alles ist miteinander verbunden

»*Was aber*«, so werden Sie vielleicht fragen, »*haben Tierprodukte und Herzanfälle mit der globalen Erwärmung und dem Treibhauseffekt zu tun?*

Was hat denn Arteriosklerose mit der Vermehrung von Kohlendioxyd und der Schwächung des Ökosystems der Erde zu tun?«

Wenn wir uns hinsetzen, um Fleisch zu essen, dann haben die meisten von uns nicht die geringste Ahnung, daß und wie unsere tägliche Nahrungsaufnahme die Gesundheit der Erde berührt. Tatsächlich aber sind all diese Dinge aufs engste miteinander verknüpft. Alles ist ein Teil von allem. Nichts steht für sich allein. Oft erkennen wir zwar nicht die Verbindung zwischen einem Phänomen und einem anderen; gleichwohl ist die Erde eine lebende, atmende, ökologische Ganzheit, die von Billiarden verschiedener Ereignisse aufrechterhalten wird. Mögen sie auch alle getrennt erscheinen, tatsächlich sind sie auf das engste miteinander verzahnt.

Nahrung, die nachdenklich stimmt

Keiner von uns möchte seinem Kind das Erbe einer Welt hinterlassen, die unbewohnbar ist. Diese bedrohliche Aussicht scheint nichts damit zu tun zu haben, was Sie heute zu Abend essen. Tatsächlich hat jedoch *alles* damit zu tun.

Es ist eine bittere Ironie, daß jene Industrie, die die Tierprodukte, die wir essen, erzeugt – jene »Nahrungsmittel«, die unsere Arterien verstopfen und uns töten –, daß diese Industrie gleichzeitig in einem *enormen* Ausmaß zur Vergiftung und Strangulierung unserer Erde beiträgt. Wer feststellt, daß die Fleisch- und Milchindustrie gewaltige Ausmaße hat, trägt nur Eulen nach Athen: Genausogut könnte man sagen, daß der Grand Canyon eine große Erdspalte ist.

Die Erzeugung, die Fütterung, das Heranziehen, Schlachten und der Transport von *16 Millionen Tieren täglich allein in den USA*[23] zum Zwecke des Verzehrs ist keine Kleinigkeit. Die Ressourcen, die benötigt werden, um diese tägliche Aufgabe zu bewältigen, haben astronomische Ausmaße, und die Auswirkungen für die Umwelt sind verheerend.

Verschwendet nicht! Lehnt ab!

Es ist inzwischen bekannt, und das seit langem, daß der wichtigste Beitrag zur Zerstörung der Umwelt die ungezügelte, unaufhörliche Verbrennung von Erdöl ist. Achtzig Prozent des Kohlendioxyds in der Atmosphäre kommen daher.[24]

Wir sind uns inzwischen alle der riesigen Energiemengen bewußt, die notwendig sind, um unsere Autos anzutreiben, unsere Häuser zu heizen und all die Waren herzustellen, die wir kaufen. Doch nur wenige sind sich darüber im klaren, welche gewaltigen Energiemengen erforderlich sind, um uns mit unserer täglichen Fleischration zu versorgen. Diesen Energieaufwand als »kolossal« zu beschreiben, ist immer noch eine grobe Untertreibung.

Mir ging es ähnlich: Als ich zum ersten Mal auf diese Informationen stieß, fiel es mir eine ganze Zeitlang gar nicht leicht, den Verbrauch von Erdöl mit der Milch- und Fleischindustrie zu verbinden. Ich verstehe also, wenn Sie jetzt ähnliche Schwierigkeiten damit haben. Hätte ich mich nicht eingehend mit diesem Thema befaßt, wäre ich mir nie dieser unglaublichen Verschwendung unserer Energieressourcen bewußt geworden, die der Appetit auf Tierprodukte nach sich zieht.

Aber es ist eine Tatsache. *Dr. David Pimental* von der Cornell University sagt: »*Würden wir sämtliche bekannten Erdölreserven ausschließlich zur Produktion von Nahrungsmitteln verwenden – keinerlei Erdöl mehr für den Transport, für das Heizen, Kühlen usw. – sondern lediglich, um Nahrungsmittel zu erzeugen, mit der die Weltbevölkerung so, wie wir es gewöhnt sind, ernährt wird, beim Einsatz unserer landwirtschaftlichen Technologie, dann würden die weltweiten Ölreserven nur noch knappe 12 Jahre reichen.*«[25]

Der Teil der Nahrung, der jedoch den Löwenanteil der Energie verbraucht, der für die Nahrungsmittelproduktion notwendig ist, besteht aus Tierprodukten – nicht aus Früchten, Salaten, Gemüsen oder irgendwelchen anderen Lebensmitteln, die wir zu uns nehmen.

Das Eiweiß, das wir dem Fleisch entnehmen, erfordert mindestens die 25fache Energiemenge, die notwendig ist, um z. B. eine vergleichbare Eiweißmenge aus Getreide zu gewinnen. Mithin verbraucht die Viehwirtschaft 2500 Prozent mehr Öl als die Getreideproduktion![26]

Unsere Energieressourcen können wir auch in Kalorien messen. Um nur eine Kalorie Eiweiß aus dem Fleisch von Mastvieh zu erhalten (die Quelle von annähernd 80 Prozent des Fleisches, das verzehrt wird)[27], müssen 78 Kalorien Erdöl eingesetzt werden, wohingegen eine Kalorie Eiweiß aus Weizen, Mais oder Bohnen zu den Kosten von nur dreieinhalb Kalorien Erdöl produziert werden kann.[28]

Das Energiekartell

Wo wird nun all diese Energie eingesetzt? Wenn man auf der Autobahn hinter einem Lastzug herfährt, der die bekannten dicken, schwarzen Abgaswolken ausstößt, dann ist es leicht, die Verbindung zwischen Transport und Energieverbrauch herzustellen. Wenn Sie jedoch jemanden fragen, wo die Verbindung zwischen Energieverbrauch einerseits und einem Frühstück mit Schinken und Eiern andererseits besteht, einer Bratwurst zum Mittagessen oder einem Steak zum Abendbrot, dann sieht er die Verbindung nicht.

Sieben weitere Todsünden

Sie werden schnell sehen, daß der Weg eines Tieres von der Geburt bis zum Eßteller gerade dazu angelegt zu sein scheint, unsere natürlichen Ressourcen zu verschleudern.

Im besonderen sind es sieben Bereiche, die dafür verantwortlich sind, daß so unerwartet gewaltige Mengen fossiler Rohstoffe von der Industrie verbraucht werden, die uns mit Tierprodukten versorgt. Da ist 1. die Produktion, 2. der Transport, 3. die Verarbeitung, 4. die Lagerung, 5. die Verpakkung, 6. der Vertrieb und 7. die Zubereitung.

Produktion

Dies ist bei weitem der kostenintensivste Aspekt in der Fleisch- und Milchindustrie, soweit es den Energieaufwand anbelangt. Eingeschlossen ist hier alles, was mit dem Tier direkt geschieht oder was man für die Tiere zu unternehmen hat, soweit sie später als Nahrung dienen sollen – bis zur Schlachtung.

Die Produktion umfaßt das Aufziehen, die Einstallung und das Füttern von 6 Milliarden Tieren, die allein in den USA jährlich dem Schlachter vorgeführt werden. Es sind vor allem die landwirtschaftlichen Aspekte der Futterversorgung einer solch schwindelerregenden Zahl von Tieren, die für diese größte Verschleuderung unserer nicht erneuerbaren Energien, soweit es den Bereich der Produktion anlangt, verantwortlich sind.

Können Sie auch nur beginnen, sich vorzustellen, welche Menge Futter erforderlich ist, um *6 Milliarden Tiere* zu versorgen?

Sich den Bauch mit Fleisch vollhauen, wenn anderswo Menschen hungern?

Der Großteil der Ernten, die eingebracht werden, wird nicht von Menschen verzehrt – er wird vom Vieh verzehrt, das für den Schlachter bestimmt ist.

Gleichzeitig sind, wenn sie sich heute abend ins Bett begeben, überall kleine Mädchen und Jungen, die hungrig schlafen gehen und sich wünschten, nur etwas Nahrung zu haben, um ihren leeren Magen zu füllen. Während sie von Essen träumen, das auch am nächsten Morgen nicht auf ihrem Tisch stehen wird, wird das Vieh mit der gleichen Ernte vollgestopft, die diese Kinder ernähren *könnte*.

Ein Großteil der Ernte besteht aus Mais und Weizen. Von der gesamten Getreidemenge, die zum Verzehr eingesetzt wird, werden 90 Prozent nicht von Menschen, sondern vom Vieh aufgefressen.[29]

Ebenso wird ein Großteil des Hafers, des Roggens, der Gerste und der Sojabohnen dem Vieh verfüttert. Das Vieh konsumiert in der Tat fünfmal mehr Getreide als der Mensch.[30] Es frißt so viel Getreide und Sojabohnen, daß die Bevölkerung der westlichen Industrieländer davon fünfmal ernährt werden könnte.[31] Und trotzdem ... gibt es auch bei uns hungrige Kinder.

Von der gesamten Vegetation, die von der Landwirtschaft erzeugt wird, werden 70 Prozent vom Vieh gefressen; nur 5 Prozent werden von den Menschen verzehrt.[32]

(Die verbleibenden 25 Prozent werden entweder exportiert, für die neue Aussaat zur Seite gelegt oder gehen bei der Ernte und/oder bei der Verarbeitung verloren.)

Erstaunlich ... aber wahr

Was fast schon über unsere Vorstellungskraft hinausgeht, ist, zu versuchen, sich die riesigen Landflächen vorzustellen, die erforderlich sind, um all dieses Futter anzubauen. Es ist fast unglaublich, wieviel Land verbraucht wird, um das Vieh mit Futter zu versorgen.

Die Landfläche, die erforderlich ist, um die ganze Nahrung für den menschlichen Verzehr in den Vereinigten Staaten bereitzustellen, beträgt über 24 Millionen Hektar. Die Landfläche hingegen, die benötigt wird, um das gesamte Futter für das Vieh anzubauen, beträgt über 480 Millionen Hektar.[33]

Wo also 24 Hektar Land benötigt werden, um Nahrung für die Menschen anzubauen, werden 480 Hektar Land benötigt, um Futter für Tiere anzubauen.[34]

Das bedeutet, daß die Landfläche, die zum Anbau von Nahrung für Menschen eingesetzt wird, nicht einmal 5 Prozent der Fläche entspricht, die zum Anbau von Futter erforderlich ist. Ganz deutlich aber wird das Ausmaß dieser Vergeudung, wenn man nun noch die Statistik hinzuzieht, die besagt, daß die Menschen ganze zwei Drittel ihrer Ernährung aus jenen 5 Prozent Landfläche beziehen und lediglich ein Drittel ihrer Nahrung aus den anderen 95 Prozent.

Es bedarf also einer 500mal größeren Landfläche, ein Pfund Rindfleisch zu erzeugen, als ein Pfund pflanzliche Nahrung zu erzeugen.[34A]

Diese Zahlen sind derart verblüffend, daß es schwerfällt, die ganze Bedeutung des Kontrastes dieser beiden Ziffern zu begreifen. Um das aus einer Sicht darzustellen, die jeder versteht, stellen Sie sich folgendes vor: Die 24 Millionen Hektar, die benötigt werden, um die Menschen direkt mit

Nahrung zu versorgen, umfassen eine Landfläche von etwa der Größe des Staates Oregon. (Auf Gesamtdeutschland – BRD und ehemalige DDR – bezogen, wäre nur etwa die halbe Fläche des Bundeslandes Rheinland-Pfalz notwendig, um alle Deutschen mit vegetarischer Nahrung zu versorgen.)

Anklage

Die 480 Millionen Hektar, die benötigt werden, um Futter für das Vieh anzubauen, entsprechen der Landfläche der Staaten Texas, Kalifornien, Montana, New Mexiko, Arizona, Nevada, Colorado, Wyoming, North Dakota, South Dakota, Pennsylvania, New York, North Carolina, South Carolina, Florida, Georgia, Illinois, Wisconsin, Indiana, Kentucky, Tennessee, Virginia, West Virginia und Maine zusammen.

Mehr als die Hälfte der Landfläche wird zur Viehhaltung benutzt! Und es ist die bessere Hälfte. Die Wüsten und unbebaubaren Landstriche machen einen Großteil der anderen Hälfte aus. Lassen Sie Alaska weg, und es sind schon zwei Drittel!

Nun nur einfach festzustellen, daß die Energie, die benötigt wird, um dieses Futter anzubauen und zu ernten, enorme Mengen umfaßt, ist erneut eine grobe Untertreibung.

Es gibt mehrere Produktionsbereiche, die Energie erfordern:

A. Da sind die landwirtschaftlichen Maschinen, Traktoren und Lastzüge, die, fortwährend in Gang, die täglichen Aktivitäten eines in Betrieb befindlichen Bauernhofes ausmachen. Diese Fahrzeuge, die benötigt werden, um den Boden zu pflügen und zu bebauen, Dünger einzubringen, Futter heranzufahren, die beträchtlichen Mengen an Abfall abzutransportieren und andere landwirtschaftliche Arbeiten zu bewältigen, zählen dabei gleichzeitig zu den – vom Energieverbrauch her gesehen – am wenigsten ökonomischen Fahrzeugen und Gerätschaften, die es überhaupt gibt. Mit einem Liter Treibstoff kommen sie gerade 500 Meter weit – wenn es hoch kommt!
B. Bei dem Anbau von Futter werden beträchtliche Mengen an Dünger eingesetzt. Stickstoff, ein Hauptbestandteil der Düngemittel, wird unter Einsatz von Erdgas hergestellt. Eingesetzt werden in den USA jährlich 10 Milliarden Tonnen Stickstoff.[35]

Das Erdgas, das hier verbraucht wird, um

Düngemittel herzustellen, würde ausreichen, um sämtliche gasbefeuerten Öfen, Heizungsanlagen und andere gasbefeuerte Anlagen zu betreiben.[36]

C. Das Wasser, das für die künstliche Bewässerung dieser Landstriche erforderlich ist, bemißt sich nur noch in Billionen Litern. Vergegenwärtigen Sie sich bitte gleichzeitig die Energie, die wiederum erforderlich ist, um die Pumpen, die das Land bewässern, mit Elektrizität zu versorgen.

D. Obgleich dies hier weder der richtige Zeitpunkt noch der Ort ist, um die Probleme zu diskutieren, die mit der industriellen Landwirtschaft verbunden sind, muß doch darauf hingewiesen werden, daß industriell orientierte Landwirtschaft heute gespenstische, äußerst nüchterne Orte sind. Manche Gebäude, in denen Tiere untergebracht werden, haben so gewaltige Ausmaße, daß Sie, stünden Sie an einem Ende, kaum das andere sehen können. Stellen Sie sich ein Fußballfeld vor, abgeschlossen und vollgepackt mit Tieren. Diese gigantischen Stallungen – und überall in den USA und Europa finden sich Tausende anderer mit verschiedenen Dimensionen – müssen bei kaltem Wetter geheizt und bei Hitze gekühlt werden. Die Energie, die erforderlich ist, um diese und andere Aufgaben zu bewältigen, benötigt unglaubliche Mengen an Elektrizität und Öl.

Transport

In jedem Moment fahren Lastzüge und Eisenbahnzüge mit Vieh kreuz und quer durchs Land. Rinder z. B. werden von den Ställen zu den Weiden, zu Auktionshäusern, zu den Mastställen und schließlich zum Schlachthof transportiert. Lastzüge und Eisenbahnzüge wiederum sind, was den Energieverbrauch anlangt, die unökonomischsten Transportmittel.

Verarbeitung

Dies ist ein höfliches Wort für das Schlachten von Tieren.

Hochmechanisierte Schlachthäuser treiben die Tiere durch ausgeklügelte Transportwege, wobei unglaubliche Mengen an Maschinen und Vorrichtungen eingesetzt werden, von denen die meisten elektrisch betrieben werden.

Auch die Milchindustrie ist fast vollständig von der Energie abhängig. Vom Melken der Kühe über die Käsezubereitung bis zur Pasteurisierung von Milch werden astronomische Mengen an Apparaturen und Maschinen eingesetzt, die sämtlich auf Energie angewiesen sind; nur so kann die gigantische Milchindustrie überhaupt noch funktionieren.

Nackte, harte Tatsachen: Lagerung

Wenn wir von Lagerhaltung sprechen, dann meinen wir vor allen Dingen Kühlung. Von dem Zeitpunkt an, wo das Tier geschlachtet wird, bis zu dem Moment, wo es auf dem Teller des Verbrauchers landet, muß das Fleisch kühlgehalten werden. Warum? Deshalb, weil Fleisch sich in dem Moment, in dem das Tier getötet wird, zu zersetzen beginnt. Das klingt nicht sehr appetitlich, ist aber genau das, was geschieht. Und die einzige Möglichkeit, diesen Prozeß zu verlangsamen, sind Kühlung und chemische Substanzen wie z. B. Natriumsulfat, das den Geruch der Verwesung reduziert und die rosa Färbung des Fleisches erhält. Aber auch in diesem Fall muß zusätzlich gekühlt werden.

Versuchen Sie sich ruhig einmal das Ausmaß an Kühlung, das erforderlich ist, um die verschiedenen Teile von 6 Milliarden Tieren, die verkauft und gelagert werden, vorzustellen. Kühlung bedarf ungeheurer Energiemengen. Ein Großteil des Fleisches wird auch noch eingefroren, und Einfrieren benötigt noch größere Energiemengen als Kühlung.

Ein Nebenprodukt der Lagerhaltung ist, daß die Milch- und Fleischindustrie auch noch dazu beiträgt, daß die Ozonschicht der Erde zerstört wird.

Ozonmoleküle werden von Fluorchlor-Kohlenwasserstoffen (FCKW) zerstört. Eine der Hauptquellen von FCKW sind *Kühlmittel.*

Verpackung

Nachdem die Tierkadaver zerschnitten wurden, werden die verschiedenen Teile einzeln zum Verkauf verpackt.

Mit diesen Packungen sind wir ja nun alle vertraut. Das Fleisch wird auf einen Styropordeckel gelegt und mit durchsichtiger Plastikfolie abgedeckt. Erneut bedarf es für diese Verpackung eines gewaltigen maschinellen Aufwandes. Nebenbei: Auch die Klarsichtfolie ist ein Erdölprodukt. Ich weiß nicht genau, wieviel von dieser Plastikfolie verbraucht wird. Aber ich wäre nicht überrascht, wenn es ausreichen würde, mehrere tausendmal die Erde einzuwickeln. *Und...* Styropor erzeugt FCKW, das am Ende in die Atmosphäre geht.

Vertrieb

Jetzt kommen wieder die dieselfressenden Lastzüge und Eisenbahnen zum Einsatz. In diesem Fall sind sie nun alle ausgestattet mit Kühl- oder Gefriermaschinen. Buchstäblich Hunderttausende von Restaurants, Lebensmittelläden und Metzgereien werden damit täglich beliefert, und alle haben wiederum ihren eigenen Kühlraum, um das Fleisch kühl oder gefroren zu halten.

Und dann das Kochen... Zubereitung

Wir sind jetzt bei der letzten Station vor dem eigentlichen Verzehr angelangt. Mit Ausnahme eines gelegentlichen Rindertatars wird das Fleisch in den Restaurants und Haushalten gebraten. Es sind verdammt viele Herde, die jeden Tag angestellt werden, und das wiederum bedeutet eine gewaltige Menge an Energie, die *verbrannt* wird.

Alles zusammen betrachtet, stellen die Energieanforderungen im Zusammenhang mit der Fleisch- und Milchindustrie einen gewaltigen Aderlaß der Energieressourcen dar.

Nachdem Sie sich nun einige Fakten des letzten Kapitels zu eigen gemacht haben (wenn Sie davon nicht schon vorher wußten), dann werden Sie das nächste Mal, wenn Sie hören, daß jemand Schwierigkeiten hat, den Verzehr einer Bratwurst oder eines Milchshakes mit der Energiekrise in Zusammenhang zu bringen, kaum mehr wissen, wo Sie anfangen sollen mit dem Erklären.

Es ist wirklich schwierig, ein Gefühl für das ganze Ausmaß der Rolle zu bekommen, die die Tierproduktion beim Energieverbrauch spielt. Gelingt es Ihnen jedoch, das volle Ausmaß zu begreifen, dann können auch Sie nicht anders, als erstaunt – *und höchst beunruhigt* zu sein.

»Ein wenig macht ja nichts...«

Viele von uns sind inzwischen zutiefst besorgt über die Aufnahme von Pestiziden, die auf unsere Nahrungsmittel gesprüht oder ihnen zugefügt werden.

Die meisten von uns glauben, daß sich der Großteil dieser Gifte auf Früchten, Salaten und Gemüse findet. Diese Vorstellung ist jedoch ebenso irrig wie es die Bemerkung wäre, daß die Sonne aus Eis besteht.

Von allen giftigen, chemischen Rückständen, die in der Nahrung gefunden werden, stammen nur 10 Prozent von Früchten, Salaten, Gemüsen, Getreiden, Nüssen und Samen. *Über 90 Prozent stammen aus Tierprodukten.*[37] Tiere aus der industriellen Landwirtschaft tragen eine gefährlich hohe Konzentration dieser chemischen Gifte in sich. Es ist das Resultat eines Lebens, in dem ausschließlich mit Futter gefüttert wurde, das mit tödlichen Bioziden behandelt worden war.

Viele Leute, die meine Gesundheitsseminare besuchen, bombardieren mich fast automatisch mit Fragen, was sie denn mit all den Pestiziden auf den Früchten, Salaten und Gemüsen tun sollen. Niemals – nicht ein einziges Mal – hat jemand nach den Pestiziden in Fleisch, Fisch, Eiern oder Milchprodukten gefragt. Das ist doch bemerkenswert!

Tierprodukte haben einen *neunmal* höheren Pestizidanteil, und *niemand* scheint sich dessen bewußt zu sein. Wer sich erst einmal mit dem Thema der Pestizide in Tierprodukten auseinanderzusetzen beginnt, dem ergeht es ähnlich wie jemandem, der sich Sorgen um seine Schuhe macht, weil er in eine Pfütze tritt, wenn gleichzeitig eine große Sturmwelle über ihm zusammenzuschlagen droht.

Neben der Nahrung, die wir täglich essen, gibt es zwei weitere wichtige Elemente, ohne die wir sehr schnell sterben würden: Wasser und Luft. Beide umgeben uns. 70 Prozent der Oberfläche der Erde bestehen aus Wasser, und auch 70 Prozent des menschlichen Körpers bestehen aus Wasser.

Die Luftschicht, in die die Erde eingehüllt ist, ist etwa 20 Kilometer dick und wiegt etwa 6 Milliarden Tonnen. Ohne Wasser sterben wir in wenigen Tagen – ohne Luft in ein paar Minuten. Nur wenige ahnen auch nur im entferntesten den verheerenden Effekt, den die Fleisch- und Milchindustrie auf diese beiden kostbaren Ressourcen hat.

Nur ein kühler Drink

Lassen Sie uns zuerst über das Wasser reden. Ganz akut wurden sich viele Menschen des Gleichgewichts zwischen den Wasserreserven und dem Wasserverbrauch bewußt, als es 1988 in den USA zu jener fürchterlichen Dürre kam. Es gibt nur eine bestimmte Menge Wasser, die zur Verfügung steht. Ein gewisser Teil davon wird verbraucht, und ein anderer Teil, der zurückbleibt, wird verschmutzt.

Die Fleisch- und Milchindustrie verbraucht mehr Waser als alle anderen Industrien zusammen.[38] Noch einmal: Sie verbraucht nicht mehr als irgendeine *andere* Industrie; sie verbraucht mehr als *alle* anderen Industrien *zusammen*! Dies deshalb, weil der Prozeß, der erforderlich ist, um das Fleisch auf Ihren Tisch zu bringen, sehr ineffizient und verschwenderisch ist.

Sie haben schon vernommen, daß nur ein kleiner Prozentsatz der Landfläche, die für Ernteerträge zur Verfügung steht, für den Anbau von Lebensmitteln für den Menschen eingesetzt wird. So gut wie die ganze Nahrung, die angebaut wird, wird dem Vieh verfüttert!

Eine nahezu unvorstellbare Wassermenge ist erforderlich, um all diese Nahrung wachsen zu lassen – nur damit das Vieh gefüttert werden kann. Auch wenn dieses Faktum nur schwer zu akzeptieren ist: Mehr als die Hälfte des Wassers, das verbraucht wird, wird in der Viehindustrie verbraucht, wobei der größte Teil zur Bewässerung von Landflächen in den warmen Gegenden eingesetzt wird, auf denen Futter für das Vieh angebaut wird.[39]

Wasser, Wasser überall?

Um auch nur *ein einziges* Rind hochzupäppeln, wird eine Wassermenge benötigt, die ein Zerstörer tragen könnte![40] Um ein Pfund Weizen zu erzeugen, werden lediglich 100 Liter Wasser benötigt, während zur Produktion eines Pfund Fleisches *zehntausend* Liter benötigt werden![41]

Tatsächlich wird bei der Milch- und Fleischindustrie derart viel Wasser benötigt, daß es subventioniert werden muß – mit *Ihren* Steuern. Würde man anders verfahren, würde das billigste Stück Rindfleisch im Supermarkt über DM 50,- das Pfund kosten, so, wie es in Japan der Fall ist, wo das Wasser *nicht* subventioniert wird. Wir sprechen in diesem Zusammenhang von Hunderten von Milliarden. Die Subventionierung der Fleischindustrie kostet viele Milliarden im Jahr![42]

Der mächtige Colorado River, der in den Grand Canyon einschneidet und seit undenklichen Zeiten der offenen See zufließt, ist nicht mehr das, was er einst war. Das Wasser des Colorado wird aufgebraucht, bevor es überhaupt den Ozean erreichen kann. Auch hier wieder fließt der Großteil der Wassermenge in die Fleischindustrie. Viele ähnliche Beispiele gibt es in Europa und Asien.

Und was ist mit dem Wasser, das bleibt? Die Tierproduktionsindustrie verschmutzt das Wasser mehr als alle anderen Industrien zusammen![45]

Erneut: nicht mehr als irgendeine *andere* Industrie, sondern mehr als *alle* anderen Industrien *zusammen*!

Welch ein Haufen ...

Eine der Hauptursachen der ungeheuren Verseuchung ist die Tatsache, daß allein in den USA *jede Sekunde 150 000 Kilogramm Exkremente produziert werden.*[46] *Das entspricht über dreieinhalb Billiarden Pfund tierischer Exkremente jedes Jahr.*

Die Mengen für die ganze Welt sind kaum vorstellbar. Jedes Jahr findet ein Großteil der Tierexkremente seinen Weg ins Wasser.[47]

Die andere Hauptursache, ja in der Tat die vorrangige Ursache der Wasserverschmutzung in den Vereinigten Staaten geht auf die Erosion landwirtschaftlicher Flächen zurück, deren Großteil dazu eingesetzt wird, Tierprodukte hervorzubringen. Der Abtrag dieser Landstriche bringt eine unglaubliche Menge tödlicher Biozide (Fungizide, Herbizide, Pestizide usw.) mit sich, anorganische Mineralien und Bodenpartikel; alles wird schließlich in die Flüsse und Ströme gewaschen, wodurch die Fleisch- und Milchindustrie mehr als alle anderen menschlichen Aktivitäten zusammen zu der Verschmutzung von Wasser beiträgt.

Wir sind, was wir trinken

1989 zeigten sowohl eine Gallup- als auch eine Louis-Harris-Umfrage, daß eine überwältigende Zahl der Menschen – über 70 Prozent – sehr besorgt ist über die Wasserverschmutzung. In beiden Umfragen zeigte sich, daß die Sorge um die Wasserqualität an *erster Stelle* steht – noch vor dem Giftmüll, der Luftverschmutzung, dem Raubbau an den Wäldern, dem Verlust landwirtschaftlicher Nutzflächen, dem sauren Regen und dem Einsatz von Pestiziden.[48]

Angesichts der Tatsache, daß die Industrie, die uns mit Tierprodukten versorgt, nicht nur mehr Wasser als alle anderen Industrien zusammen *verbraucht*, sondern auch mehr von dem Wasser, was übrigbleibt, *verseucht* – angesichts dieser Situation könnte man nur laut schreien.

Vielleicht könnte man sich mit diesen erstaunlichen Fakten über die Wasserversorgung noch irgendwie abfinden, wenn wenigstens all dieses Futter, Land und Wasser auf die bestmögliche Weise eingesetzt werden würde. Doch der Weg, auf dem unsere Nahrung über das Vieh wandert, ist unglaublich ineffizient und eine grandiose Vergeudung.

15 Kilo Pflanzen sind erforderlich, um ein halbes Kilo Fleisch zu erzeugen.[49] Auf diesem Weg verlieren wir 90 Prozent seines Eiweißwertes und 100 Prozent seiner Ballaststoffe und Kohlenhydrate.[50] Und: Der gleiche Hektar Land, der lediglich 25 Kilo Fleisch erzeugt, könnte *2500 Kilo* Kartoffeln hergeben![51]

Und all diese Verschwendung dient wiederum nur dazu, daß wir mit einem Produkt versorgt werden, das, so die Medizin, nachgewiesenermaßen zum Hauptverantwortlichen der ersten Todesursache in diesem Land, der Arteriosklerose, zählt.

Und das, liebe Leute, ist noch nicht alles

Müßte ich hier unterbrechen, gäbe es an sich schon genügend Grund, um unsere Abhängigkeit von einer fleischorientierten Ernährung ernsthaft zu überdenken. Wenn wir die Zahl der durch Herzkrankheiten und Schlaganfälle hervorgerufenen

Todesfälle in Betracht ziehen, dann den ineffizienten und verschwenderischen Gebrauch des Landes und der Nahrungsmittel und schließlich die Vergeudung und Verschmutzung des Wassers, hätten wir schon Grund genug, unsere Prioritäten zu überdenken. Doch damit haben wir noch gar nicht das ganze Bild vor Augen – nicht im entferntesten.

Der Atem des Lebens

Betrachten wir einmal jene Lebensgrundlage, auf die wir am meisten angewiesen sind: die Luft. Luft ist die wichtigste Lebensgrundlage überhaupt; sie ist für unsere Existenz unter *allen* Umständen zwingend erforderlich. Monate können wir ohne Nahrung auskommen, tagelang ohne Wasser, doch sechs Minuten ohne Luft, und wir sind tot. Während unserer Lebenszeit nehmen wir, in Gewichten gemessen, mehr Luft als Nahrung und Wasser *zusammen* zu uns.

Nun aber kann keine Behandlung des Themas Luft vollständig sein, wenn man nicht über – *Bäume* spricht! Warum? Pracht, Intelligenz und Herrlichkeit von Mutter Natur haben dafür gesorgt, daß die Bäume wesentlich zu dem großartigen System der Symbiose beitragen, die zwischen dem Reich der Pflanzen und der Tiere besteht.

Wenn man sich die außergewöhnliche Natur unserer Beziehung zu den Bäumen vor Augen hält, dann kann man nicht anders, als voller Staunen vor dieser bemerkenswerten Weisheit stehen, die der Verbundenheit aller lebenden Dinge zugrunde liegt.

Wenn wir unsere Lungen mit der lebensspendenden Luft füllen, extrahieren unsere Körper den Sauerstoff, den wir benötigen, und mit jedem Ausatmen setzen sie Kohlendioxyd frei. Bäume wiederum nehmen Kohlendioxyd auf, setzen es für ihren eigenen Lebensprozeß ein und geben Sauerstoff frei. Welch eine wunderbare Einrichtung!

Es wird wohl etwas stickig hier?

Kohlendioxyd kann tödlich wirken. Wer Luft einatmet, in der auch nur drei Prozent Kohlendioxyd enthalten sind, wird leicht dösig. Konzentrationen, die darüber hinausgehen, führen zum Tod. Die Menge Kohlendioxyd, die Ihren Lungen innerhalb 24 Stunden entweicht, entspricht immerhin einem Kohlebrikett, das 200 Gramm wiegt.[52]

Das Gleichgewicht von Sauerstoff und Kohlendioxyd auf unserer Erde ist *nicht* etwas, mit dem wir sorglos umgehen können. Wenn der Anteil des Kohlendioxyds vehement *zunimmt*, während gleichzeitig der Sauerstoff *abnimmt*, dann ist nicht viel Phantasie nötig, um sich vorzustellen, daß das schließlich zu einem Sauerstoff*mangel* in der Luft führen kann.

Das Thema Sauerstoff-Kohlendioxid-Gleichgewicht darf also bei keiner Diskussion über unsere gegenwärtige globale Erwärmung und den Treibhauseffekt fehlen.

Wenn wir nun mehr und mehr darauf drängen, daß dieses lebensbedrohende Dilemma jetzt angegangen werden muß, bevor jede Aktion zu spät kommt, müssen offenkundig zunächst zwei Fragen gestellt werden: *»Was ist die Ursache dieser Situation?«* und: *»Wie können wir sie ändern?«*

Die Hälfte des Problems beruht auf der enormen Zunahme an Kohlendioxyd, das in den vergangenen Jahrzehnten in die Atmosphäre geblasen wurde. Wie schon gesagt, stammt dieser Zuwachs aus den gewaltigen fossilen Ressourcen, die wir verbrennen... und nun werden wir davon eingeholt. Das Verbrennen fossiler Ressourcen ist die Ursache Nummer eins für die weltweite Zunahme von Kohlendioxyd.

Nicht die Bäume – bitte!

Unsere Bäume wären durchaus in der Lage, über den Prozeß der Photosynthese einen gewaltigen Anteil des Kohlendioxyds in Sauerstoff umzuwandeln. Doch gerade hier liegt die Ironie! Während sich der Anteil des Kohlendioxyds in unserer Zeit gefährlich erhöht, *dezimieren wir unsere Wälder,* statt jede Anstrengung zu unternehmen, sie zu schützen und die Zahl der Bäume möglichst zu erhöhen, um damit diesem Wahnsinn zu begegnen. Mit *atemberaubender Geschwindigkeit* vernichten wir aber unsere Wälder!

Die Wälder sind die wichtigsten Luftfilter unseres Planeten, so daß ihre Zerstörung jeder Vernunft Hohn spricht! Als wollte man Feuer löschen, indem man Benzin zugibt. Auf der ganzen Welt werden die Wälder zerstört, verbrannt und planiert – mit der wahnwitzigen Geschwindigkeit von *160 000 Quadratkilometern pro Jahr!*[53]

Das sind über *430 Quadratkilometer an jedem Tag oder mehr als 5000 Quadratmeter pro Sekunde!* (Es gibt ernstzunehmende Schätzungen, die sogar von der *doppelten* Fläche sprechen.)

Die Vereinigten Staaten haben schon etwa eine Million Quadratkilometer hochproduktiver Waldflächen an die Landwirtschaft verloren.[54] Es bleiben weniger als 800 000 Quadratkilometer dieser Wälder übrig, und viele davon sind schon stark ausgedünnt. Wenn man über die US-Staaten Oregon und Washington fliegt, sieht man schon weite Teile gerodet, wo auch jeder Waldrest beseitigt worden ist. Wenn man eine Hochrechnung vornimmt, in welchem Umfang die amerikanischen Wälder in den Jahren 1967 bis 1977 gefällt worden sind – das ist der Zeitraum, für den es verläßliche Daten gibt –, dann wird es in 50 weiteren Jahren in den USA keinen Wald mehr geben! Leider sieht es in vielen anderen Ländern ähnlich aus.

Die Ironie und das Frustrierende ist, daß diese Katastrophe vermieden werden könnte. *Robin Hur*, Wissenschaftler an der Harvard Business School und Schriftsteller, hat diese Zusammenhänge mehr als ein Vierteljahrhundert lang erforscht und studiert. Er kam zu dem Schluß, daß inzwischen eine Million Quadratkilometer ursprünglichen Waldbestandes in den Vereinigten Staaten der landwirtschaftlichen Nutzung zugeführt worden sind, wovon 800 000 Quadratkilometer ohne weiteres in Landwirtschaftsflächen für den Nahrungsanbau für den Menschen statt für Vieh umgewandelt werden könnten.[55]

Das heutige Verfahren, den Kohlendioxydausstoß zu erhöhen, während die Sauerstoffproduktion gesenkt und kohlendioxydverarbeitende Wälder dezimiert werden, grenzt an planetaren Selbstmord.

Ironischerweise ist die Entwaldung zu 20 Prozent selbst für den Kohlendioxydanstieg in der Atmosphäre verantwortlich.[56] Wenn Bäume gefällt werden, reduzieren wir damit nicht nur die Kohlendioxydverbraucher, sondern der Kohlendioxydanteil steigt weiter an, sobald die Wälder zerstört worden sind. Kein Wunder, daß unsere Umwelt derart geschädigt ist. Unser Planet Erde gibt Alarm, er schreit nach Hilfe!

Holzhandel zugunsten von Hamburgern

Sie werden vielleicht fragen, was Tierprodukte nun mit Wäldern zu tun haben. Nun, die erstaunliche Antwort ist: *Der Großteil der Waldflächen, die gerodet werden, werden für Viehweiden oder den Futteranbau genutzt!* Wir entwalden die Welt, um die Menschen mit Tierprodukten zu versorgen, die wir tonnenweise verzehren – wobei wir auf diese Weise ziemlich sicher an Herzattacken sterben werden.

Für jeden Hektar Wald, der freigelegt wird, um

Platz zu schaffen für Parkflächen, Straßen, Häuser, Einkaufszentren usw., werden gleichzeitig *sieben Hektar Wald* zerstört, damit Viehfutter angebaut oder Vieh geweidet werden kann.[57]

In der ganzen Welt, in Nordamerika, Mittelamerika, Südamerika, am Amazonas, in Asien, Afrika und Australien – wo immer Bäume wachsen – werden sie vorrangig zum Zweck der Viehzucht gefällt – *Vieh, das zu einem großen Teil am Ende in die Vereinigten Staaten kommt, um als Fastfood-Hamburger verkauft zu werden.*

Unsere wertvollen Regenwälder

Die tropischen Regenwälder dieser Welt sind wahrscheinlich die wertvollste natürliche Ressource der Erde; sie bieten drei Vierteln aller Lebewesen dieses Planeten Heimstatt und Zuflucht.[58] Von den 25 Prozent Erdoberfläche, die nicht von Wasser bedeckt sind, wird ein Drittel von einem grünen Waldgürtel bedeckt, der auch als die »Lungen der Erde« bezeichnet wird – eine richtige Bezeichnung, wenn man bedenkt, welch kritische Rolle die Bäume in dem nie endenden Bemühen der Erde spielen, das richtige Sauerstoff-Kohlendioxyd-Gleichgewicht aufrechtzuerhalten.

Dieses grüne Lebensreservoir nährt einen fast lückenlosen Baldachin von 70 Meter hohen Bäumen, soweit das Auge reicht. Und es wimmelt hier geradezu von einer unermeßlichen Anzahl von Insekten, Vögeln, Säugetieren und anderen Lebewesen. Der Überfluß blühender Pflanzen anderer Vegetation in den Regenwäldern ist von einer derartigen Schönheit und Vielfalt, daß es einem den Atem verschlägt. Manche Pflanzenarten, die man dort gefunden hat, finden sich nirgendwo außerhalb der Regenwälder. Und doch werden diese tropischen Wälder mit einer Geschwindigkeit von 110 000 Quadratkilometern pro Jahr ausradiert![59]

Vor einhundert Jahren, als die Autos erfunden wurden und Flugzeuge noch ein Traum waren, galten die tropischen Regenwälder als ein unbekanntes, herausforderndes Geheimnis. Heute heißt die Herausforderung, die Regenwälder vor der endgültigen Zerstörung zu bewahren. Schon ist die Hälfte davon zerstört.

Dr. Paul Ehrlich, Professor der Biologie an der Stanford University, sagte über die Regenwaldzerstörung: *»Abgesehen von einem Atomkrieg gibt es nur wenige Probleme, die im Moment für die Menschheit bedeutsamer sind.«*[60]

Als *Isaac Asimov* von *Bill Moyers* in einem Interview gefragt wurde, welche Probleme seiner

Ansicht nach von der Gesellschaft als die drängendsten empfunden werden, meinte er: »*Bevölkerungsexplosion und der Regenwald.*«[61]

Um etwas genauer zu beschreiben, was im Augenblick mit den Regenwäldern passiert, lassen Sie uns einen Blick auf Mittelamerika werfen. Gegenwärtig wird dort täglich ein Quadratkilometer Wald zerstört, um Land zu gewinnen für Rinderherden.[61] Eine Statistik, die nicht nur eine örtliche Entwicklung widerspiegelt, denn fast 90 Prozent des dort gewonnenen Fleisches wird in die Vereinigten Staaten exportiert, der Rest geht nach Europa, teils als Hunde- oder Katzenfutter.[63] Diese Art der Zerstörung findet überall in den tropischen Regenwäldern statt, weltweit!

Wann ist es genug?

Der Appetit der Menschen auf Fleischprodukte scheint fast unersättlich zu sein. Obgleich 75 Prozent der Kinder unter fünf Jahren in Guatemala unterernährt sind, setzt man das Land und die Nahrungsmittelressourcen in diesem Staat zur Viehhaltung ein, um 20 Millionen Kilogramm Fleisch jährlich exportieren zu können.[64] Ich bin sicher, daß Sie mir zustimmen werden: Das ist nicht nur falsch, sondern falsch bis dort hinaus.

Insgesamt importieren die Vereinigten Staaten jährlich 69000 Tonnen Fleisch aus Mittelamerika.[65] Es gibt viele Menschen, die angesichts einer derartigen Gefräßigkeit wütend werden. Jetzt schlachten wir schon 6 Milliarden Tiere jedes Jahr, und das ist immer noch *nicht genug*! Und es gibt noch viele weitere Länder, die ihre Ressourcen zur Viehzucht einsetzen, um Tausende und Abertausende Tonnen von Fleisch zu exportieren, während *ihre eigenen Kinder hungern*.

1980, als die Vereinigten Staaten und Europa begannen, Fleisch zu importieren, konnte Mittelamerika noch auf die stolze Fläche von 234000 Quadratkilometer Regenwald blicken. Heute sind davon weniger als 140000 Quadratkilometer übriggeblieben.[66] In jüngster Vergangenheit haben Politiker und Wissenschaftler dazu aufgerufen, die Regenwälder Brasiliens zu bewahren. Einer davon sei besonders erwähnt, der Rockstar *Sting*, der eine Vielländertournee mit *Raoni*, einem brasilianischen Indianerhäuptling, unternahm, als Teil einer Kampagne, die Zerstörung der Regenwälder aufzuhalten und im Amazonasbecken ein Naturschutzgebiet zu schaffen.

Die Amazonasregion, die ursprünglich eines der

großartigsten Regenwaldgebiete der Welt war, hat durch ihre Zerstörung schon annähernd 400 000 Quadratkilometer verloren.[67] *Annähernd 75 Prozent dieses Verlustes gehen auf die Viehzucht zurück.*[68]

Dabei ist die Viehzucht am Amazonas nicht einmal wirtschaftlich. Ohne starke Regierungssubventionen und Steuervergünstigungen müßten so gut wie alle Viehzuchtbetriebe aufgeben.[69] Welche Ironie, daß die brasilianische Regierung für die Zerstörung ihrer Regenwälder auch noch bezahlt.

Hinzu kommt die Tatsache, daß die gewonnenen Viehweiden meistens schon nach wenigen Jahren durch die große Hitze in diesen Gegenden austrocknen und versteppen.

Susan Meeker-Lowry, die Autorin des Buches »Economics As If the Earth Really Mattered« (Wirtschaft, als zählte die Erde), stellt fest: »*Es ist unbedingt notwendig, daß wir die Dringlichkeit der Situation verstehen, der wir uns gegenüber sehen. Hält die Zerstörung mit der gegenwärtigen Schnelligkeit an, dann werden die tropischen Regenwälder in 30 Jahren vollkommen verschwunden sein.*«[70]

Das Schicksal der Dinosaurier?

Wenn auch nur *irgendeine* Gattung Lebewesen auf dem Mond oder auf einem der anderen Planeten unseres Sonnensystems gefunden werden würde, wäre dies der bedeutendste Augenblick der Geschichte. Gleichzeitig aber sorgt die Zerstörung der tropischen Regenwälder zur Gewinnung von Viehzuchtflächen für die Auslöschung von 17 500 Tier- und Pflanzengattungen – jedes Jahr![71] Annähernd 50 täglich! *Peter Raven* des Missouri Botanical Garden sagt voraus, daß sich diese Zahl in den nächsten drei Jahrzehnten noch verdoppeln wird.[72]

Wir löschen heute unsere irdischen Gefährten tausendmal schneller aus als zu irgendeiner anderen Zeit in der Menschheitsgeschichte.[73] Wer Tierprodukte ißt, legt nicht nur die Grundlagen für seinen eigenen arteriosklerotischen Tod, sondern trägt auch gleichzeitig dazu bei, den Planeten Erde seiner größten Schätze zu berauben.

Milliarden und Abermilliarden werden zerstört

»Hamburger« und »Hotdogs«, Würstchen oder Buletten zu essen gilt in der westlichen Welt als allgemeiner Zeitvertreib. Viele dieser Nahrungsmittel werden weltweit als typisch »amerikanisch« angesehen. Dieses »junk food« (Imbißnahrung) wird an Tausenden Straßenecken inzwischen überall verkauft. Die Werbung drängt uns unaufhörlich, noch mehr zu kaufen. Was weniger vertraut und gewiß weniger verlockend ist, sind die Kosten dieses nationalen Zeitvertreibs.

Für jedes Viertelpfund Rindfleisch, das Sie von einem Rind erhalten, das in Mittelamerika aufgezogen wurde, mußten 5 Quadratmeter Regenwald zerstört werden![74]

Die Freilegung dieser Bodenfläche trägt zu 250 Kilogramm Kohlendioxyd, das in die Atmosphäre gegeben wird, bei.[75] Das wirft doch ein anderes Licht auf die lässige Gewohnheit, sich ein Würstchen oder einen »BigMac« zu schnappen, wann immer es uns danach verlangt, oder nicht?

Leider verdeckt das Ausmaß der globalen Probleme die Tatsache, daß sie das Resultat von Milliarden von Einzelhandlungen sind. Es fällt uns schwer, zu erkennen, wie unsere persönlichen Handlungsweisen die Gesamtsituation beeinflussen. Wenn wir ein Problem, das so gewaltig ist wie die Bedrohung unserer Umwelt, anpacken wollen, dann ist es nahezu unmöglich, die Auswirkung der Anstrengungen eines einzelnen Menschen auf die

Verbesserung der Lage zu messen. Doch hier ist ein Weg, wie Sie *erkennen* können, daß sich die Handlungsweise des einzelnen nicht in den Statistiken verliert:

Wenn Sie innerhalb eines Jahres nur einen Hamburger weniger essen pro Woche, können Sie dazu beitragen, daß mehr als 232 Quadratmater Regenwald erhalten bleiben, und gleichzeitig verhindern Sie, daß zusätzliche 13 000 Kilogramm Kohlendioxyd in die Atmosphäre geblasen werden.

Florentin Krause, die Vorsitzende des International Project for Sustainable Energy Paths (Internationales Projekt für erneuerbare Energiepfade), sagte: »*Wenn wir in der Dritten Welt Wälder verlieren, müssen wir Sie hier schaffen. Der einzige Weg hierzu ist, den Verzehr von Fleisch- und Milchprodukten zu reduzieren.*«[75A]

Natürlich sind es nicht die Vereinigten Staaten allein, die ihren Teil zur Zerstörung der Regenwälder dieser Erde beitragen. Wegen ihres immensen Bedarfs an Rohstoffen spielen Europa und Asien, besonders Japan, eine Hauptrolle in der weltweiten Waldvernichtung.

25 Prozent des gesamten Nutzholzes, das in den Vereinigten Staaten gefällt wird, wird nach Japan exportiert.[76] *80 Prozent* der ältesten lebenden Bäume der Welt – sie stehen in den Sarawak-Re-

genwäldern Malaysias – werden ebenfalls nach Japan transportiert, damit daraus Wegwerf-Eßstäbchen (über 11 Milliarden Paar pro Jahr)[77] und Sperrholzhalter hergestellt werden, die zwei- oder dreimal verwendet werden, bevor sie *weggeworfen* werden.[78]

Zusätzlich verhandelt die japanische Regierung über eine 300 Millionen Dollar teure, 900 Kilometer lange Straße quer durch den Amazonas und über die Anden hinweg hin zur peruanischen Küste, um noch *mehr* Bäume noch schneller zu bekommen.[79]

Gemäß dem Worldwide Fund for Nature ist »*Japans Verbrauch der tropischen Regenwälder die größte Umweltschädigung der Welt.*«[80]

Eine Goldgrube

Nur wenige sind sich darüber im klaren, daß *Bäume eine erneuerbare Energiequelle* sind. Die Tatsache, daß Bäume als Energielieferanten eingesetzt werden können – ebenso wie Öl, Gas oder Kohle –, wird von den meisten Menschen so gut wie ignoriert. Hier sind die sechs Ressourcen, aus denen wir unsere Energie beziehen:

	USA	Deutschland West	Ost
Öl	38,5 %	39,4 %	13,6 %
Gas	25,5 %	16,9 %	9,3 %
Kohle	23,0 %	27,2 %	72,5 %
Atomenergie	6,4 %	12,4 %	4,1 %
Wasserkraft	3,8 %	1,4 %	0,3 %
Holz	2,5 %	1,2 %	0,2 %

Sie sehen also, daß Holz eine ziemlich unbedeutende Rolle in der Energieversorgung spielt. Von allen Energieressourcen, die oben aufgelistet sind, ist Kohle zweifellos die umweltschädlichste (besonders Braunkohle). Sonnenenergie hingegen, die noch nicht in größerem Umfange eingesetzt wird, so daß sie in die Liste hätte aufgenommen werden können, ist die sauberste. Wenn wir Kohle verbrennen, dann sind die Schadstoffe, die dadurch an die Umwelt abgegeben werden, unübersehbar. Als erstes sollten wir deshalb die Verbrennung von Kohle verringern.

Während der vergangenen 20 Jahre hat man erforscht, ob es nicht möglich ist, Bäume anzupflanzen, sie einzuschlagen, um damit holzbefeuerte Elektrizitätswerke zu betreiben, und sie dann sofort wieder nachwachsen zu lassen. Um eine Höhe von 18 bis 20 Metern zu erreichen, benötigen Bäume 8 bis 12 Jahre. Danach können sie eingeschlagen, verheizt und neu angepflanzt werden. Die forstwirtschaftlichen Anlagen, die diesen natürlichen Brennstoff produzieren, nennen sich Short Rotation Energy Plantations (kurzkreisläufige Energieplantagen).[81]

Würde man diese Technik verfeinern, könnte sie die Kohle weitgehend ersetzen. Bäume würden nicht die Schadstoffe erzeugen, die die Kohle an die Umwelt abgibt, und solange sie wachsen, würden sie Sauerstoff produzieren und Kohlendioxyd in der Atmosphäre reduzieren.

Baumplantagen haben gegenüber dem Kohlenbergbau auch noch andere Vorteile. Sie machen einen Tagebau überflüssig, den die Kohle häufig erfordert. Wenn Sie jemals einen Landstrich gesehen haben, in dem die Kohle im Tagebau abgebaut wurde (z. B. Braunkohleabbau), dann wissen Sie, was dies für ein grotesker Frevel gegen die Natur ist – nur vergleichbar mit den Auswirkungen eines nuklearen Holocaust.

Baumwollplantagen erwirtschaften auch mehr Gewinn als die gleichen Landflächen, die für die Viehwirtschaft gerodet werden. Eine jüngste Studie wies nach, daß Baumplantagen auf einem Hektar Land 3200 Dollar erwirtschaften können, wohingegen die gleiche Fläche Weideland nur 3000 Dollar erwirtschaftet.[82]

Eine andere, kürzlich im britischen Magazin »Nature« veröffentlichte Studie wies darauf hin, daß man mit den Produkten, die der amazonische Regenwald anbietet (Gummi, Bodenerzeugnisse usw.) *einen mehr als doppelt so hohen Ertrag erwirtschaften kann, als dies mit der Viehzucht oder der Holzverarbeitung möglich ist.*[83]

Cultural Survival (Kulturelles Überleben), eine Organisation in Cambridge, Massachusetts, plant, künftig für 50 Millionen Dollar jährlich Produkte des Regenwaldes einzuführen: Öl, Harze, Honig, Pigmente und Faserstoffe.[84]

Je mehr wir uns mit der Rolle beschäftigen, die die Bäume auf unserem Planeten spielen, desto mehr werden wir verstehen, wie wertvoll sie sind.

Mutter Erde

Wo ich schon bei dem Thema bin, welche Ressourcen es zu bewahren gilt – was glauben Sie, ist die wertvollste Ressource, die die Erde besitzt? Was ist kostbarer als Diamanten oder Gold?

Erde

Bevor Sie nun glauben, daß ich hier Unsinn von mir gebe, bedenken Sie bitte folgendes: Wenn es jemals zu einer Lebensmittelknappheit kommen sollte, können Sie teure Edelsteine nicht essen. Nahrung anbauen, vorausgesetzt, Sie sind im Besitz guter Erde, das *können* Sie aber immer.

Archäologische und historische Forschung, die sich auf wissenschaftliche Analysen des Bodens, der Vegetation und der Landschaftsentwicklung stützen, kommen zu dem Schluß, daß der Zusammenbruch vieler großer Zivilisationen, darunter Ägypten, Griechenland und Rom, wenigstens zum Teil ökologisch bedingt war.[85] In den letzten Stadien vor dem Kollaps gab es verheerende Kriege, nicht der Reichtümer wegen oder aus Gründen einer Ideologie, sondern um die Kontrolle über urbares Land und lebensnotwendige Ressourcen zu erhalten.

Bodenerosion ist gegenwärtig eine der schlimmsten Bedrohungen unseres Planeten. Ohne Mutterboden ist aber der Planet Erde tot wie der Mond.

Muttererde ist kein Schmutz

Humus, die dunkle, nährstoffreiche Erde, versorgt uns tatsächlich mit allem, was wir zur Ernährung benötigen, weil er die Pflanzen, die wir essen, ernährt. Vor 200 Jahren hatten die landwirtschaftlichen Nutzflächen in den meisten Ländern eine Humusschicht von durchschnittlich 60 Zentimetern, auf der unsere Nahrung wuchs. Heute ist diese Schicht besonders in den USA auf knapp 20 Zentimeter reduziert worden.[86] Weitere 3 Zentimeter gehen alle 20 Jahre verloren.[87]

Der United Soil Conservation Service (eine Bodenschutzvereinigung) stellte fest, daß jährlich 16 000 Quadratkilometer landwirtschaftlicher Nutzfläche durch Bodenerosion verlorengehen.[88] Das entspricht einem jährlichen Verlust an kostbarem Humus von 6 Milliarden Tonnen, was wiederum 25 Tonnen pro Kopf der Einwohner in den USA – Männer, Frauen, Kinder – entspricht.

Weltweit beträgt der Gesamtverlust an Humus 25 Milliarden Tonnen im Jahr.[89] Dies gewinnt dadurch noch an Bedeutung, daß die Natur durchschnittlich über 100 Jahre benötigt, um auch nur *einen Zentimeter* Humus zu bilden.[90]

Die Hauptursache für den Verlust von lebensspendendem Humus ist wiederum die Viehzucht.

85 Prozent des Humusverlustes sind eine direkte Folge der Viehproduktion.[91] Diese erstaunliche Tatsache allein sollte schon genügen, uns zu einer Veränderung unserer Ernährungsweise zu bringen. Nur der Boden kann uns und unsere Kinder vor Hunger bewahren. Wer Land zugunsten von Weideflächen für das Vieh rodet, läßt auch zu, daß die Bodenkrume mit dem Wind fortgeblasen und in die Flüsse gewaschen wird. Wo sie verschwunden ist, ist es aus und vorbei.

Die Geschwindigkeit, mit der dieser Verlust gegenwärtig voranschreitet, muß gestoppt werden. *Wir brauchen unseren Boden zum Nahrungsanbau!* Er ist eine zu kostbare Ressource, als daß er mit einer derartigen Geringschätzung behandelt werden darf.

Auf der anderen Seite sind ungerodete Wälder die einzigen Flächen, auf denen die Erosion des Humus überhaupt kein Problem darstellt. Nur wenn die Wälder gerodet werden oder dem Vieh erlaubt wird, unter Bäumen zu weiden, beginnt der Abtrag des Humus.

Warum? Aus einer ganzen Reihe von Gründen sind Bäume auf diesem Planeten die Hauptverantwortlichen für den Aufbau und Schutz des Humus. Erst einmal bilden ihre Wurzeln neue Erde und geben an den Humus fortwährend mineralische Nährstoffe ab, die sie aus dem Grundgestein herausbrechen und auflösen. Zweitens halten die Wurzeln den Humus feucht, weil sie tieferliegendes Grundwasser nach oben saugen. Drittens helfen die Wurzeln, Humus zu binden und ihn dadurch vor Wind und Erosion zu schützen. Schließlich schützt das Dach der Bäume den Humus vor der Sonne. Ohne den Schutz der Bäume verwandelt sich Waldland schnell in Wüsten.

Vielleicht überrascht es Sie, wenn ich Ihnen sage, daß ein Großteil der Wüsten dieser Welt früher Wald war – *die Sahara eingeschlossen,* die einst vom römischen Imperium gerodet worden war, um Platz zu schaffen für riesige Kornfelder.

Mehr als 600 000 Quadratkilometer Waldfläche stehen allein in den Vereinigten Staaten heute als Weideland für das Vieh zur Verfügung.[92]

Die Wüstenheimat

Der Begriff »Desertifikation« (Verwüstung) wurde in den 40er Jahren von einem französischen Wissenschaftler geprägt. Der Begriff bezeichnet dürres, aber immer noch *produktives* Land, das entweder auf natürliche Weise oder durch menschliche Aktivität ausgelaugt und ausgeplündert wurde. Das Versanden der Flüsse und Ströme, die Anreicherung des Bodens mit Salzen (Versalzung) und exzessive Bodenerosion sind Symptome einer Landfläche, die sich in Wüste verwandelt.

Wir neigen dazu, an Afrika zu denken, wenn wir von fruchtbarem Land hören, das »desertifiziert« wurde. Wir haben alle die Bilder von ausgedörrtem, vertrocknetem, aufgebrochenem Boden gesehen, auf denen nicht ein Grashalm mehr wächst, so weit das Auge reicht. Wir haben die Millionen Menschen gesehen, die auf solch unfruchtbarem, verlassenem Land keine Nahrung mehr anbauen können.

Das Umweltprogramm der Vereinten Nationen stellte fest, daß sich in den Dürregebieten jedes Jahr 60 000 Quadratkilometer unwiderruflich in Wüste verwandeln und daß jedes Jahr weitere 200 000 Quadratkilometer gefährdet sind.[93]

Schon 1976 hatten Forscher auf einer Konferenz der Vereinten Nationen in Nairobi, Kenia, zu diesem Thema berichtet, daß auch in den Vereinigten Staaten eine ernste Desertifikation stattfindet, die an manchen Orten schlimmer als in Afrika ist.[94] Diese Warnungen wurden in den Wind geschlagen. In den vergangenen 10 Jahren hat sich das Problem, so, wie dies auch bei anderen Problemen der Fall ist, die man nicht beachtet, nicht gelöst; es hat sich verschlimmert.

Inzwischen werden Hunderttausende von Quadratkilometern in der westlichen Hälfte der Vereinigten Staaten von dem Phänomen der Desertifikation berührt. Das Council on Environmental Quality (Ausschuß für Umweltqualität) hat dies in einem Report bestätigt. Der Bericht zeigt eine Karte der Desertifikation im Westen, die von *Harold Dregne* gezeichnet wurde, einem der führenden Experten in diesem Bereich. Die Karte zeigt, daß inzwischen 36,8 Prozent der Trockengebiete des nordamerikanischen Kontinents eine »ernsthafte« Desertifikation hinnehmen mußten.

Die Rede ist von dem großartigen, weiten, wunderschönen Weideland des Westens. Was ist die Ursache dieser Tragödie?

Wenn wir einige der bisherigen Enthüllungen dieses Buches betrachten, dann sollte es Sie nicht überraschen, daß es erneut die Gewohnheit des Fleischverzehrs ist, deretwegen wir dafür selbst die Verantwortung übernehmen müssen. Nach *Richard Rice*, Ökonom und Spezialist für natürliche Ressourcen bei der Wilderness Society, ist »*das Vieh eine Geißel*« für die Erde.[95]

Der weltweit bekannte Umweltschützer *John*

Muir bezeichnet das Vieh nur noch als »*mit Hufen versehene Toiletten*«.[96] Eine gewiß recht eigene, aber für die Umwelt doch sehr relevante Art und Weise, diese Sache zu betrachten.

Das Council on Environmental Quality stellt fest, daß »*die Überweidung, soweit man das heute weiß, der wichtigste Antriebsfaktor für die Desertifikation ist, gemessen an der Gesamtfläche, die davon berührt wird*«.[97]

Jim Mower, ein leitender Beamter im Wasatch-Cache National Forest in Utah, sagt, daß viele Weideflächen, die er im letzten Sommer inspiziert hatte, »so überweidet sind, daß auf dem Boden nicht einmal mehr genug Holz ist, um ein Feuer anzuzünden«. Genau das meinte auch der Autor *Edward Abbey*, als er das Gebiet westlich der Rocky Mountains als »kuhverbrannt« bezeichnete.

Seit Jahren schon weisen Wissenschaftler darauf hin, daß Viehweiden mehr Land zerstört haben als alle anderen menschlichen Aktivitäten zusammen.[99]

Wem gehört eigentlich das Land?

Es ist *unser* Land! Es ist bundeseigenes, *öffentliches* Land. Land, das dazu gedacht ist, *bewahrt* zu werden zur *immerwährenden Freude und zum ständigen Nutzen aller.* Irgendwie ist es jedoch den Viehzüchtern gelungen, das Recht zu erhalten, mit öffentlichem Land zu tun, was immer sie damit zu tun wünschen. Wie kann das angehen, wenn dieses Land uns allen gehört? Der United States Forest Service, ein verlängerter Arm des amerikanischen Landwirtschaftsministeriums, dessen *einzige* Aufgabe darin besteht, die Interessen der Farmer und Viehzüchter zu vertreten, sowie das Bureau of Land Management, auch unter dem Spottnamen »Bureau of Lifestock Management« bekannt (*lifestock*: Viehzucht), haben das Land an die Viehzüchter *verpachtet*!

Über 680 000 Quadratkilometer *unseres* Landes sind verpachtet worden. Wenn es den Farmern beliebt, irgendeinen Baum zu fällen, das Land mit Pestiziden und Herbiziden zu verseuchen, den Boden derart zu zerstören, so daß schließlich auch die Flußufer kollabieren, das Wasser so verschlammt, daß die Forellen, wenn sie laichen wollen, ersticken, dann steht ihnen dies offenbar frei. Sie scheinen das Recht zu haben, unser unersetzliches biologisches Erbe, dieses weite, offene Weideland, für jeden anderen Zweck unbrauchbar zu machen.*

Und was glauben Sie, kostet das Recht, dies mit unserem Land zu tun? Durchschnittlich 8 Pfennige pro Hektar im Monat![101] Nachdem das Bureau of Land Management jahrelang Kritiker abgewehrt hatte, die diese skandalös niedrigen Gebühren anprangerten, setzte es schließlich 1989 die monatliche Weidegebühr auf *10 Pfennige pro Hektar* hinauf. Allein die Verwaltung dieses Weidelandprogrammes kostet die Bundesbehörden mehr als das Dreifache dieses Betrages. Und wenn Sie sich fragen, von wem das Defizit von annähernd 30 bis 50 Millionen Dollar im Jahr gedeckt wird, dann raten Sie schon richtig: *Das Geld stammt* aus den Taschen der Amerikaner. Der destruktive Gebrauch öffentlicher Landflächen wird mit den Steuergeldern der Amerikaner subventioniert.

Verständlich, daß vielen die Frage kommt: »Wie in Gottes Namen kann es angehen, daß eine Behörde (Bureau of Land Management), die von der Regierung unter dem Vorwand eingerichtet worden war, öffentliches Land für die Menschen zu

---

* Ein typisch amerikanischer Mißstand. Trifft auf westeuropäische Länder weniger zu.

bewahren, die die Öffentlichkeit sind, derart zu Gunsten einer privaten Interessengruppe manipuliert wird?«

Heute noch da, morgen verschwunden

Es hat den Anschein, als gebe es, nur weil wir in dem »Land des Überflusses« leben, eine Haltung, als werde es *immer* Überfluß geben. Sehr schnell aber beginnen auch wir jetzt zu begreifen, daß unsere natürlichen Ressourcen begrenzt sind und wir sie, wenn wir sie künftig nicht auf vernünftige Weise nutzen, sehr schnell erschöpfen können.

Ich muß mich entschuldigen. Ich habe mein Bestes versucht, beim Einarbeiten der Fakten in dieses Buch Objektivität zu wahren. Doch wenn ich mir vergegenwärtige, daß unsere Gier nach Fleisch und anderen Tierprodukten wesentlich an der langsamen und unerbittlichen Zerstörung all dessen, was in diesem Land von wirklichem Wert ist, beteiligt ist – mit Hilfe unserer Steuergelder –, dann kann ich meine Gefühle nicht verbergen.

Unser Verlangen nach Tierproduktion läßt unsere Bäume verschwinden, das Wasser verfaulen: Es verseucht unsere Luft, verschlingt unsere natürlichen Ressourcen und dezimiert unser Land. Die Ironie dabei ist, daß all diese Aktivitäten dazu dienen, Nahrungsprodukte zur Verfügung zu stellen, die auch noch *unsere Menschen umbringen*!

Lassen Sie uns nun eine neue Richtung einschlagen

Wenn Sie all das, was Sie bislang gelesen haben, in Betracht ziehen, dann wird es Sie wahrscheinlich nicht überraschen, wenn Sie – aus der Sicht der Umwelt – das Vertrauen in unsere Regierungen verlieren. Gleichzeitig ist es aber wichtig, daß Sie sich bewußt sind, was tatsächlich vor sich geht.

Trotzdem ist die negative Seite dieser unglaublichen, aber wahren Geschichte lediglich ein *Teil* von ihr. Auch sie hat ihre Kehrseite, die von gleicher, wenn nicht gar noch größerer Bedeutung ist, und das möchte ich Ihnen zeigen, wenn Sie die Seite umblättern.

Teil II
Die Lösung

Noch ist es nicht zu spät

Und jetzt, verehrte Leserin und verehrter Leser, hier sind die guten Nachrichten.

Möglicherweise haben Ihnen die vorangegangenen Seiten das Gefühl gegeben, daß es *keine* guten Nachrichten gibt, daß wir uns mit einem verlorenen Kampf befassen, mit Problemen, die so groß und schon so weit entwickelt sind, daß sie unüberwindbar sind. Vielleicht haben Sie das berechtigte Gefühl, daß unser Leben schon jetzt kompliziert und anstrengend genug ist, so daß Sie die Hypotheken und die Abzahlungen Ihres Autos gerade noch bewältigen können, für den Treibhauseffekt und all die damit in Zusammenhang stehenden Faktoren jedoch keine Kraft mehr haben. Aller Wahrscheinlichkeit nach wären Sie schon bereit zu helfen, fühlen sich jedoch von der Größe des Problems überwältigt.

Möglicherweise aber sind Sie sich nicht über die Bedeutung *des einzelnen Menschen* im klaren, die dieser in diesem globalen Dilemma hat.

Davon will die zweite Hälfte dieses Buches berichten. Denn gerade deshalb, weil so viele von uns den aufrichtigen Willen *haben*, die Situation zu ändern, bin ich zuversichtlich, daß die folgende Information tatsächlich in der Lage *ist*, das Steuer in dieser scheinbar hoffnungslosen Lage wieder herumzuwerfen. Unsere Bereitschaft ist unsere letzte Chance!

Es ist bekannt, daß wir den »point of no return« noch nicht erreicht haben. Alles, was wir jetzt zu tun haben, ist, dafür zu sorgen, daß Veränderungen stattfinden. *Gilbert M. Grosvenor*, Präsident und Vorstandsvorsitzender der National Geographic Society, legte dar, *daß großangelegte Bemühungen weltweit gezeigt haben, daß die Bodenerosion und Desertifikation aufgehalten werden kann, wenn die richtigen Maßnahmen ergriffen werden. Es ist nicht erforderlich, die Tropenwälder zum Zwecke der Ernährung abzuholzen.*[103]

In einem wertvollen, informativen Buch, das den Titel »Blueprint For a Green Planet« (Der grüne Planet: Ein Plan) trägt, präsentieren die Autoren *John Seymour* und *Herbert Girardet*, die sich seit über fünfzig Jahren mit ökologischer Forschung befassen, eine höchst positive und ermutigende Formel für den Wandel. Sie sagen: *»Es gibt Dinge, die der einfache Mensch tun kann. Der Niedergang* *der Welt ist nicht unausweichlich. Wir sind nicht machtlos. Wir können die Sintflut verhüten. Denn wenn jeder von uns – jeder einzelne – sich einmal der Gefahren bewußt wird und tut, was er oder sie tun kann, um ihr zu begegnen, dann werden wir als Menschen auch weiterhin diesen Planeten bewohnen können. Wir müssen unsere Welt nicht in eine Wüste verwandeln, ganz im Gegenteil: Wir können sie erneut zu einem Paradies machen.«*

Es sind zwei positive Faktoren, die uns bei unseren Bemühungen, den Trend umzukehren, helfen können und den Erfolg des Unternehmens fördern. Erstens ist unsere Erde als lebendiger Organismus dazu geschaffen, sich selbst zu heilen. Wenn Sie sich in den Finger schneiden, heilt Ihr Körper die Wunde, ohne daß von Ihrer Seite irgend etwas dazu getan werden muß. Heilung findet immer statt, solange nicht die Wunde fortwährend gestört und wieder aufgerissen wird. Dieser Planet hat die gleichen Fähigkeiten. *Er kann sich selbst heilen, wenn – wenn! – ihm die richtigen Anfangsbedingungen für eine Selbstheilung zur Verfügung gestellt werden.*

Wenn wir aufhören, ihn zu zerstören, dann wird er sich auch selbst wieder regenerieren.

Zweitens ist die Lösung derart einfach, so leicht umzusetzen und wirksam, daß positive Ergebnisse schon nach sehr kurzer Zeit erzielt werden können, ohne daß Ihre persönliche Zeit und Energie groß beansprucht werden.

Sie sind der wichtigste Faktor!

Das Ermutigende ist, daß es sich um eine *individuelle* Lösung handelt. Es benötigt keine regierungsamtlichen Bürokratien, die offenkundig nicht handlungsfähig sind, bevor sich nicht irgendwelche Kommissionen zusammengesetzt haben, um Komitees einzusetzen, die wiederum dann erst versuchen müssen, Unterstützung und Finanzmittel zu erhalten. Sie wird nicht von unendlichen bürokratischen Hürden bedroht, die nur zu häufig selbst die wertvollsten und drängendsten Projekte abwürgen, bevor sie überhaupt starten können. Noch ist sie auf die mühsamen Versuche angewiesen, wenigstens gewisse industrielle Reformen zu erzielen.

Die Lösung liegt im wahrsten Sinne des Wortes *»in Ihrer Hand«*.

Jeder, der bereit ist zu helfen, kann einen Beitrag leisten. Niemand ist dabei von größerer oder geringerer Bedeutung als irgend jemand anderes. Je mehr Menschen teilnehmen, desto weitreichender und durchschlagender sind die Resultate. Wir haben die Möglichkeit, selbst beteiligt zu sein und jene Gefühle Lügen zu strafen, die sich in *Mark Twains* Wort niederschlugen, daß »sich jeder über das Wetter beklagt, jedoch niemand etwas dagegen tut«. Obgleich die Probleme scheinbar weit über den Horizont des einzelnen hinausreichen – Ihre Stimme wird man hören! Egal, was andere sagen oder tun.

Die 10-Prozent-Lösung

Die Lösung bedarf keiner Ausbildung, keiner Komitees, keiner Treffen, keiner Demonstrationsmärsche auf den Straßen, keiner Briefkampagnen, keiner gesetzlichen Bemühungen. Sie kostet *nichts*. Ja, sie spart Ihnen sogar Geld. Sie ist einfach und wirksam. Und hier ist sie nun, die 10-Prozent-Lösung:

**Wir verpflichten uns alle
zu einem vegetarischen Tag pro Woche.**

Das ist alles: Einen Tag pro Woche essen Sie kein Fleisch, keinen Fisch, keine Eier und keine Milchprodukte. Das bedeutet nicht, daß Sie an diesem

Tag hungrig bleiben. Überhaupt nicht! Sie können an diesem Tag soviel essen, wie Sie wollen...

Sie können Früchte essen, Obstsalat und Säfte, Nüsse, Gemüseplatten, alle Arten von Salaten, Teigwaren, Suppen, Brot, Reis und andere Getreide, Kartoffeln, Linsen, Bohnen und andere Hülsenfrüchte.

Nein, hungern müssen Sie nicht.

Die *10-Prozent-Lösung* bedeutet, daß Sie lediglich 10 Prozent weniger Tiernahrungsmittel und 10 Prozent mehr pflanzliche Nahrungsmittel zu sich nehmen.

Und das ist alles?

Zuerst fragen Sie vielleicht: »*Ein vegetarischer Tag die Woche? Was bringt das schon!*« Es ist doch nicht schwer, sich für einen Tag zu verpflichten, nicht wahr?

Wenn Millionen Menschen diese Verpflichtung eingehen und sich ihre Bemühungen kollektiv niederschlagen – erkennen Sie dann das Potential, das in dieser gemeinsamen Anstrengung liegt?

Die Früchte Ihres Tuns

Wenn der Verzehr von Tierprodukten nur in den Vereinigten Staaten um *10 Prozent* gesenkt werden würde, wären die Folgen erstaunlich.

Erstens

Persönlich senken Sie die Wahrscheinlichkeit, Arteriosklerose zu bekommen, beträchtlich und dadurch das Risiko eines Herzleidens oder eines Schlaganfalls.

Wenn Sie Kinder haben und sie auch an einem vegetarischen Tag pro Woche teilnehmen, dann legen Sie auch für sie die Grundlagen für ein gesundes Herz, für jetzt und später, vorausgesetzt, Sie erziehen sie frühzeitig zu einer richtigen Ernährung und zeigen ihnen, daß sie selbst Kontrolle über ihre eigene Gesundheit haben können.

Zweitens

Mehr als fünfeinhalb Milliarden Liter reinen Wassers werden durch einen vegetarischen Tag pro Woche allein in den USA jährlich eingespart. Das entspricht mehr als elf Millionen Liter kostbaren Wassers, die jede Minute eingespart werden.

Drittens

Nahezu 2,8 Millionen Tonnen tierischer Exkremente würden jährlich – allein in den USA – dadurch *nicht* in die Gewässer gepumpt.[105]

Viertens

Der verringerte Bedarf an Treibstoff würde die Nachfrage nach Öl um etwa 8,7 Milliarden Liter jährlich verringern.[106] Das entspricht einer Einsparung von fast 23 Millionen Litern *täglich*.

Fünftens

Jährlich würden 100 000 Quadratkilometer Wald Sauerstoff erzeugen und Kohlendioxyd aufnehmen, der ansonsten nicht länger existieren würde.[107]

Sechstens

12 Millionen Tonnen Getreide würden jährlich freigesetzt.[108] Das ist mehr als genug, um alle 20 Millionen Menschen, die jährlich an Hunger oder hungerbedingten Krankheiten sterben, zu ernähren.[109]

(Gegenwärtig stirbt alle *eineinhalb Sekunden* ein Mensch den Hungertod.)

Manche sagen jetzt vielleicht, daß selbst, wenn diese Nahrungsmittel frei werden würden, sie immer noch zu diesen Menschen transportiert werden müßten. Richtig. Doch es gäbe wenigstens die Chance, sie zu empfangen. *Keine* Chance haben sie, wenn weiterhin alles ans Vieh verfüttert wird.

Siebtens

700 Millionen Tonnen Humusboden würden pro Jahr gerettet.[110]

Achtens

Annähernd eine halbe Million Quadratkilometer Land, wertvolles Land, stünden wieder einer vernünftigeren Verwertung zur Verfügung.[111]

Neuntens

600 Millionen Tiere würden jährlich vor dem Schlachthaus bewahrt.[112]

Diese Zahlen würden sich um ein Vielfaches erhöhen, wenn die Aktion »Ein vegetarischer Tag pro Woche« in allen Industrieländern der westlichen Welt sowie in Japan eingeführt werden würde.

Lassen Sie uns beginnen

Unsere Umwelt würde beginnen, sich selbst zu heilen, wenn wir die Schritte einleiten, um die Voraussetzungen für eine Selbstheilung zu schaffen. Es würde weniger Umweltverschmutzung geben, mehr Wasser, reineres Wasser, mehr Luft, reinere Luft, weniger Leid, weniger Todesfälle, *mehr Leben.*
Mehr Leben.
Und all das nur bei einem vegetarischen Tag pro Woche! Bei solch beeindruckenden Veränderungen, die nur aus einem einzigen vegetarischen Tag pro Woche resultieren würden – können Sie sich da die Auswirkungen vorstellen, die aus zwei vegetarischen Tagen pro Woche entstehen würden? Das entspräche schon einer mehr als 25prozentigen Verringerung des Verzehrs von Tierprodukten und mehr als einer *Verdoppelung* der positiven Resultate, die ich aufgelistet habe. Ist das nicht eine Herausforderung?

Das Ausmaß dieser positiven Wirkungen, die sich aus einer nur kleinen Veränderung unserer

Lebensweise ergeben würden, zeigt sehr deutlich, wieviel Macht wir haben.

Die Einsicht in die Auswirkungen, die die Wahl unserer Lebensmittel auf unsere Umwelt hat, stellt für die meisten Menschen ein neues Bewußtsein dar – so neu, daß sich tatsächlich viele Umweltschützer dieses Zusammenhanges überhaupt noch gar nicht bewußt sind. Gemeint sind all die Menschen, die ihr Leben dem richtigen Umgang mit dem Planeten gewidmet haben, gleichzeitig aber dreimal am Tag Tierprodukte zu sich nehmen, ohne zu verstehen, welch tiefgreifender Nutzen entstehen würde, wenn sie – zusätzlich zu all dem anderen, was sie tun – die Auswahl ihrer Nahrungsmittel nur leicht ändern würden. Bislang stand diese Information nicht gedruckt zur Verfügung. Das wichtigste jedoch ist natürlich, daß wir jetzt etwas unternehmen!

Jetzt oder nie

Die Gelegenheit, die sich uns bietet, ist einzigartig. Niemals zuvor in der Geschichte der Erde waren die Umweltprobleme, denen wir uns gegenwärtig gegenüber sehen, für eine so große Zahl von Menschen ein so wichtiges Thema.

Wenn *wir* nicht das tun, was nötig ist, um die Entwicklung in neue Bahnen zu lenken, wird dies künftigen Generationen auch nicht möglich sein. Denn dann wird es künftig nichts mehr geben. Alles wird dann verloren sein.

Lester Brown, der Präsident des Washingtoner Worldwatch Institute, sagte: *»Generationen stehen uns nicht mehr zur Verfügung. Wir haben nur noch ein paar Jahre.«*[113]

Können Sie sich abwenden?

Kann Nichtstun für einen Bewohner des Planeten Erde überhaupt eine Option darstellen? Wo Sie nun wissen, wie einfach und wie gering Ihr Beitrag nur sein muß, und verstanden haben, welche tiefgreifende Veränderungen dies mit sich bringen würde – für Ihre eigene Gesundheit *und* für die Gesundheit unserer Umwelt –, können Sie sich dann überhaupt noch der Aufforderung dieses Buches, einen Tag in der Woche vegetarisch zu leben, entziehen?

Ich möchte die Worte von *Edmund Burke* zitieren: »*Es gibt im Leben keinen größeren Fehler als den, nichts zu tun, nur weil man nur wenig tun kann.*«

Wenn viele Menschen wenig tun, dann *ist* es viel. Wenn viele Menschen gar nichts tun – dann ist es gar *nichts*.

Wir sind herausgefordert

Die Wahl unserer Lebensmittel macht *einen großen Unterschied*! Es ist nicht nur ein Angriff auf unsere Intelligenz, sondern auch eine Beleidigung unserer Intelligenz und außerdem lebensbedrohlich, diese Situation unkontrolliert andauern zu lassen, als ob es die Zusammenhänge *nicht* gäbe oder sie *nicht* erkannt wären. Wenn der Trend sich nicht *ändert*, wo endet es dann?

Um es mit einem alten englischen Sprichwort zu sagen: *»Wenn wir nicht aufpassen, dann finden wir uns dort wieder, wo wir angefangen haben.«* Der Angriff auf unsere Gesundheit und unsere Umwelt, der aus unserer Abhängigkeit von einer fleischgeprägten Ernährung resultiert, kann möglicherweise die Inspiration zu diesem Sprichwort gewesen sein.

Was hast du im Krieg gemacht, Vati?

Wenn der Zeitpunkt kommt, wo wir die Obhut über unseren Planeten unseren Kindern überreichen, dann sollte er zumindest in so gutem Zustand sein, wie wir ihn übernommen haben, möglichst jedoch in einem besseren Zustand. Ganz gewiß aber nicht in einem schlechteren!

Künftige Generationen werden auf diese geschichtliche Zeit zurückblicken. Sie werden sehen, daß wir in den 90er Jahren die Möglichkeit hatten, das Problem zu ignorieren, zuzulassen, daß es sich zu einer verheerenden Unumkehrbarkeit entwikkelte, oder einen Schritt nach vorn zu gehen, mit Mut und Selbstvertrauen, und über die Apathie hinauszuwachsen, indem wir einfach nur mittun. Werden unsere Kinder und Enkel mit Dankbarkeit und Lob auf unsere Weitsicht und auf unser Tun zurückblicken, oder werden sie gezwungen sein, bestürzt und voller Wut auf das zu schauen, was wir besaßen, aber zerstörten und für immer verloren gaben?

Nichts kann die Macht von Millionen brechen, die sich im gemeinsamen Entschluß zusammentun für ein gemeinsames Ziel. Der gewaltige Nutzen, der schon durch eine zehnprozentige Verringerung des Verzehrs von Tierprodukten erzielt werden kann – bei einem vegetarischen Tag pro Woche –, ist wirklich und wird mit Sicherheit eintreten.

Das ist kein Luftschloß! Kein Wunschdenken! Es ist ein *absolut erreichbares Ziel*. All die Geschäfts- und Finanzinteressen aber, die es gern hätten, daß die Dinge so bleiben, wie sie sind, werden nicht umhin kommen, ihr Denken ändern zu müssen. Alles, was wir tun müssen, ist, *etwas zu tun*!

Wir sitzen am Steuer

Denken Sie einfach daran: Je weniger wir von einem Produkt verbrauchen, desto weniger muß davon hergestellt werden. Das bedeutet hier, daß, wenn wir die Produktion von Tierprodukten verringern, wir die daraus resultierende Zerstörung unserer Umwelt im gleichen Grad verringern. Punktum!

Nichts kann diese Gleichung ändern. Es ist das eherne Gesetz von Angebot und Nachfrage. Der einzige Faktor, der bestimmen kann, in welchem Ausmaß die Umwelt weiterhin durch unsere Abhängigkeit von Tierprodukten beeinträchtigt wird, liegt vollständig in Ihrer, in meiner – in *unserer* Hand!

Natürlich wäre es leicht, mit dem Finger auf die

Fleisch- und Milchindustrie zu zeigen und ihr die ganze Schuld in die Schuhe zu schieben. Wahr ist jedoch, daß sie nichts anderes tut, als unsere Nachfrage zu erfüllen.

Die Fleisch- und Milchindustrie hat nicht die geringste Macht, absolut keine. Wenn wir verlangen, daß sie mehr produziert, dann wird sie es tun; und wenn wir verlangen, daß sie weniger produziert, dann wird sie auch das tun. Sie und ich halten also eine ehrfurchtgebietende Verantwortung in unserer Hand. Wir allein können die Umwelt vor einer Überlebensbedrohung schützen.

Lediglich eine *leichte* Verringerung unseres Verzehrs von Tierprodukten ... und eine wachsende Bewußtheit bei anderen, welcher Gewinn, persönlich wie global! Das allein genügt schon, und schon sind wir dabei, die Situation umzukehren.

Mostafa K. Tolba, Exekutivdirektor des Umweltprogramms der Vereinten Nationen, faßte zusammen, wie notwendig es für uns alle ist, das zu tun, was wir tun können, und zwar *jetzt*, solange wir es noch können. Er sagte: »*Nicht eine einzige Nation, nicht ein einziger Mensch auf dieser Erde ist in seinem Wohlbefinden letztlich nicht abhängig von den biologischen Ressourcen unserer Erde, ihrer Seen und Flüsse, ihrer Wiesen, Wälder, ihres Bo-*

dens und ihrer Luft. Wenn sich nicht alle Nationen gemeinsam massiv bemühen, ihre gemeinsamen Lebensressourcen zu schützen, werden wir auf eine Katastrophe zusteuern, deren Ausmaß an das eines nuklearen Krieges heranreichen wird.«[114]

Dr. Barry Commoner, der zu Umweltthemen schon Aufsätze schrieb, als das Thema noch nicht so bekannt war wie heute, führte aus: *»Heute rauben wir künftigen Generationen nicht nur ihr Holz oder ihre Kohle, sondern die Grundnotwendigkeiten des Lebens: Luft, Wasser, Boden. Es bedarf einer neuen Bewegung, um das Leben selbst zu schützen.«*[115]

Und mit den Worten von *David Brower*, dem früheren Leiter des Sierra Clubs als auch der Friends of the Earth (heute steht Brower dem Earth Island Institute vor), einem Mann, der von vielen Umweltschützern als *der* amerikanische Naturschützer angesehen wird: *»Die Schwächung der Erde durch den Menschen ist ein Verbrechen, das denkbar schwerste Verbrechen überhaupt, denn es ist ein Diebstahl an der Zukunft.«*[116]

Es ist längst keine Frage mehr, ob wir uns und unsere Kinder der Gefahr aussetzen. Die Frage ist nur noch, wie wir die Gefahr abwenden können.

An Sorge mangelt es nicht

Eines ist ziemlich sicher: Die Menschen sind sich der Gefahr, die der Gesundheit unseres Planeten droht, bewußt, und sie sind besorgt. Eine Gallup-Umfrage wies darauf hin, daß sich 75 Prozent aller Amerikaner als Umweltschützer bezeichnen.[117] Die Umfrage stellte fest, daß 72 Prozent der Menschen *»sich sehr große Sorgen«* über die Verschmutzung der Flüsse, Seen und der Wasserreservoirs machen; 69 Prozent sorgen sich über die Vergiftung des Bodens und des Wassers durch Giftmüll, und 63 Prozent machen sich Sorgen um die Luftverschmutzung.

Eine Louis-Harris-Umfrage unter den Bürgern und führenden Persönlichkeiten von 15 Ländern zeigte, daß über 70 Prozent bereit wären, zum Schutze der Umwelt höhere Steuern zu bezahlen. In den Vereinigten Staaten wären es über 80 Prozent.[118] *Höhere Steuern!*

Glücklicherweise müssen wir nicht darauf warten, bis sich die Nationen der Welt in einer gemeinsamen Rettungsaktion zusammentun, was sie, da bin ich sicher, schließlich tun werden müssen.

Bis dahin gibt es schon etwas, was die Menschen, die sich um die Umwelt Sorgen machen, *sofort* tun können:

Reduzieren Sie Ihren Verzehr von Tierprodukten. Unsere Kinder – und unsere Erde – hängen davon ab, daß wir es alle tun.

Sieg!

Am Ende des 2. Weltkrieges tauchte ein Symbol auf, das bald überall und jedem bekannt war. Die Menschen hielten zwei Finger in Form eines V hoch, um den *V-Tag*, den Tag des Sieges (englisch: *victory*) zu bezeichnen.

Für das kommende Jahrhundert haben wir nun einen neuen *V-Tag* – den Vegetarischen Tag –, und auch er ist ein Sieg, ein Sieg, der keine Verlierer, sondern nur Gewinner kennt.

Seien Sie ein Gewinner. Unterstützen Sie den *V-Tag*!

Je mehr, desto besser

Auch bei diesem Projekt wird es, wie es bei allen lohnenden Projekten üblich ist, Menschen geben, die mehr tun müssen, als nur den Verzehr von Tierprodukten zu verringern.

Zwei Dinge können diese Menschen tun, Dinge,

die all die positiven Wirkungen, die bislang beschrieben worden sind, noch weiter beschleunigen können.

Erstens: Erinnern Sie sich an die Zeit, als die auf dem Schneeballsystem beruhenden Geldspiele en vogue waren? Teilnehmer zahlten 1000 DM und rekrutierten zwei weitere, die ebenfalls 1000 DM zahlten. Jeder neue Rekrutierte brachte erneut zwei weitere Leute mit, und innerhalb weniger Wochen stieg die erste Gruppe mit einer Riesenmenge Geld aus dem Spiel aus. Natürlich brach das System schnell zusammen, weil einige wenige sehr viel gewannen, viele aber nur verloren. Was dieses System jedoch unter Beweis stellt, war, welch große Zahl von Menschen in einer sehr kurzen Zeit erreicht werden kann, um etwas Bestimmtes zu erzielen.

Das gleiche Konzept können wir einsetzen, um die *V-Tag*-Botschaft wirksam und nachhaltig zu verbreiten. An Ihrem wöchentlichen vegetarischen Tag können Sie andere Menschen auf das, was Sie tun und warum Sie es tun, hinweisen – wenigstens zwei andere, von denen Sie glauben, daß auch sie bereit sein könnten, an diesem *V-Tag* teilzunehmen. Diese können wiederum zwei weitere mobilisieren, an der Unternehmung teilzunehmen. Diese beiden können dann wieder das gleiche tun, und bald wird sich die Idee überall verbreitet haben und zu einer saubereren und gesünderen Umwelt führen.

Verbreiten Sie die Botschaft

Wenn alles, was Sie tun, nur ist, dafür zu sorgen, daß zwei weitere Menschen die Möglichkeit haben, dieses Buch zu lesen, dann leisten Sie schon einen großen Beitrag.

Es entspricht der Natur des Menschen, Gutes zu tun und Lohnendes zu unterstützen, um noch mehr Gutes zu bewirken. Nun – was könnte wertvoller sein, als zu helfen, das Leben auf dieser Erde zu bewahren?

Wenn Sie Ihren Freunden und Bekannten von der Beziehung zwischen unserer Nahrungsauswahl einerseits und der Gesundheit unserer Erde andererseits berichten, Menschen, die diese Verbindung bislang noch nicht entdeckt haben, dann werden sie es schätzen, daß sie daran teilnehmen können. Dieses Projekt hat für jeden eine viel zu große Bedeutung, als daß er die Gelegenheit, daran teilzunehmen und seinen Teil beizutragen, abschlagen könnte.

»Ich glaube nicht, daß ich je einem Gedicht begegnen werde, das so lieblich ist wie ein Baum«

Die zweite Maßnahme, die wir ergreifen können, um diesem Projekt zum Erfolg zu verhelfen, ist die nobelste und dankbarste von allen:

Pflanzen Sie Bäume!

Wo immer und wann immer möglich, pflanzen Sie einen Baum. Entweder selbst, in Ihrem Garten, oder indem Sie Gruppen unterstützen, die Baumpflanzaktionen starten. *Gegenwärtig schlagen wir zehnmal soviele Bäume als wir pflanzen.*[119] Es gilt, keine Zeit zu verlieren.

Jeder Baum, der gepflanzt wird, bringt uns wieder einen Schritt näher zum Wiedergewinn eines gesünderen Sauerstoff-Kohlendioxyd-Gleichgewichts. Je früher der Kohlendioxydanteil in der Atmosphäre gesenkt wird, desto früher werden wir von der Krise globaler Erwärmung, die durch den Treibhauseffekt hervorgerufen wird, befreit.

Jeder Baum, der gepflanzt wird, kann soviel Kohlendioxyd neutralisieren, wie durch die Verbrennung einer ganzen Tonne (1000 kg) Kohle erzeugt wird.[120]

Jeder Baum hilft!

Vor den Olympischen Spielen 1984 in Südkalifornien tat sich eine gemeinnützige, in Los Angeles arbeitende Gruppe mit Regierungsbehörden und privaten Organisationen zusammen – die Tree People –, um rechtzeitig vor der Olympiade eine Million Bäume zu pflanzen. Eine engagierte Gruppe besorgter Bürger erreichte dieses Ziel mit einem minimalen Budget.

Diese Unternehmung wurde zu einem Modellfall für andere Gruppen auf der ganzen Welt. Auf der Grundlage des Erfolges von Los Angeles beginnt gerade eine australische Kampagne, *200 Millionen Bäume* zu pflanzen, Früchte zu tragen. Die Tree People bereiten eine Kampagne vor, 100 Millionen Bäume in den Vereinigten Staaten zu pflanzen.

Wenn man Organisationen wie den Tree People hilft, dann hilft man nicht nur der Erde insgesamt, sondern unterstützt auch die Zukunft der eigenen Familie und Freunde.

Den Samen legen...

Im Augenblick schätzt die American Forest Tree Association, daß in der Nähe von Häusern und in den Gemeinden in den USA etwa 100 Millionen Plätze zu finden sind, wo noch Bäume gepflanzt werden könnten. Das Pflanzen städtischen Grüns gehört zu den wirksamsten Maßnahmen, das Ungleichgewicht im Austausch von Kohlendioxyd von der Erde zur Luft deutlich zu beeinflussen.[121] Dies ist eine Maßnahme, die sofort ergriffen werden kann, von ganz normalen Bürgern und lokalen Organisationen.

Jede Tonne Holz, die als Resultat des Wachstums von Bäumen geschaffen wird, nimmt weitere eineinhalb Tonnen Kohlendioxyd auf und setzt eine Tonne Sauerstoff frei.[122] Einhundert Millionen Bäume, die gepflanzt werden, können die Kohlendioxydemissionen um *18 Millionen Tonnen pro Jahr*[123] *reduzieren und 12 Millionen Tonnen Sauerstoff freisetzen.*[124]

Wissenschaftliche Untersuchungen in den Lawrence Livermore Laboratories zeigen, daß schon das einfache Pflanzen von drei Bäumen um ein Haus herum – zwei auf der Südseite und einen auf der Westseite – 44 Prozent der Energie einsparen hilft, die ansonsten erforderlich ist, um ein Haus zu kühlen. Der Gesamteffekt im Sinn einer verringerten Nachfrage nach Strom und eines verringerten Energieverbrauchs kann zu einer bedeutenden Reduzierung von Kohlendioxyd führen. Gleichzeitig wird Energie eingespart und werden Bäume gepflanzt.

Die Lawrence Livermore Laboratories stellen außerdem fest, daß ein richtig gepflanzter Stadtbaum dreißigmal mehr Kohlendioxyd aufnimmt als ein Waldbaum, wobei nicht nur der globalen Erwärmung entgegengetreten, sondern gleichzeitig auch der Energieverbrauch gesenkt wird.[126]

Wissenschaftler schätzen, daß eine Aufforstung der Wälder ein Drittel der Gesamtmenge an Kohlendioxyd beseitigen hilft, das heute durch das Verbrennen fossiler Energieträger freigesetzt wird.[127]

Wenn nicht jetzt, wann dann?

Wenn wir mit dem Pflanzen *sofort* beginnen, dann, so *R. Neil Sampson*, Vizepräsident der American Forest Tree Association, ein Mann, dessen Engagement für die Wälder nie nachgelassen hat, *»werden wir in das 21. Jahrhundert mit Millionen von Bäumen eintreten, die vor zehn Jahren gepflanzt* *wurden, an Größe gewinnen, an Schönheit und Wert. Und es wird Millionen von Menschen geben, die die ernste Bedrohung erkannt und daraufhin das Richtige getan haben«.*[128]

Es ist meine große Hoffnung, daß jeder, der dieses Buch liest, Mitglied einer Waldschutzorganisation wird. Diese Organisationen sind in der Lage, in allen Baumpflanzfragen Ratschläge zu geben, einschließlich in Fragen der Baumarten, dem Alter der Bäume, des besten Pflanzzeitpunktes, des Standortes usw.

Es ist alles eine Frage der Priorität. Wir sprechen von den drei grundlegenden Lebensvoraussetzungen: Luft, Wasser und Nahrung, und alles wird uns von unserer Umwelt geliefert. Und doch haben wir in den letzten 6 Stunden mehr Geld für Waffen ausgegeben, als wir in den letzten 10 Jahren für die Umwelt ausgaben! Die Militärausgaben betragen weltweit 2,5 Milliarden Dollar *täglich!*[130] Wobei schon jetzt das weltweite Arsenal an nuklearen Waffen 3,2 Tonnen Dynamit pro Person entspricht – Männer, Frauen und Kinder.[131]

Im Hinblick auf die jüngsten ermutigenden Entwicklungen in der Welt (Gorbatschows Perestroika, die Beseitigung der Berliner Mauer usw.) gibt es ein überzeugendes Argument, Sicherheit neu zu definieren und die Prioritäten neu zu ordnen, um die 2,5 Milliarden Dollar pro Tag auf ein viel bedeutenderes Problem zu lenken: auf die mangelhafte Gesundheit unseres Planeten Erde.

Wenn wir alle an einem Strick ziehen ...

Was wir hier zu erreichen versuchen, ist mehr als nur eine Arbeit aus Liebe. Es ist eine Tat fürs *Leben*. Hier geht es nicht um rechts oder links, männlich oder weiblich, schwarz oder weiß, christlich oder jüdisch, amerikanisch, europäisch oder asiatisch. Dies geht jeden an, der atmet!

Der Bedrohung unserer Existenz *kann* erfolgreich begegnet werden – wenn wir handeln. Gefährdet sind wir nur, wenn wir nichts tun. Zu versuchen, etwas zu tun, und fehl zu gehen, ist kein Verbrechen. Ein Verbrechen ist es nur, nicht einmal etwas zu versuchen.

Letztlich wird die Pflege und Heilung, deren unser Planet jetzt so dringend bedarf, nicht aus der gegenseitigen Verpflichtung der Nationen entspringen, sondern aus der Verpflichtung der Menschen der Erde gegenüber.

So, wie es *Papst Johannes Paul II.* schon aussprach: Der Schutz der Umwelt und die Eindämmung des Schadens, den sie schon erlitten hat, gehören zu der Verantwortung »*der ganzen menschlichen Gemeinschaft*«.[132]

Es ist nicht meine Absicht, den Eindruck zu erwecken, daß wir einfach nur die Produktion und den Verzehr von Tierprodukten verringern müssen, damit die Probleme, die unsere Umwelt bedrohen, auf magische Weise verschwinden. Wir wissen alle, daß hier zu viele Faktoren, zu viele Variablen mitspielen, als daß dies der Fall sein könnte. Die schwindelerregende Zahl und Menge toxischer Chemikalien, die während der vergangenen fünfzig Jahre produziert worden sind, haben unsere Umwelt inzwischen längst gesättigt.

Autos und Kraftwerke haben Milliarden Tonnen Qualm in die Luft geschickt und sauren Regen erzeugt, den wir jetzt zu erdulden haben. Gigantische Mengen an Müll wurden in den Boden und die Gewässer versenkt. Das Damoklesschwert der Nuklearenergie, deren Gefahrenpotential verheerende Proportionen besitzt, hängt über uns. Tatsache ist, daß es eine beträchtliche Herausforderung darstellen würde, eine Liste all der Probleme zusammenzustellen, denen wir uns heute gegenübersehen, mit all ihren möglichen Lösungen.

Wenn wir jedoch von der Produktion der fleischorientierten Nahrung sprechen, dann reden wir von etwas, was unsere Umwelt tatsächlich massiv beeinflußt. Hier gibt es eine Gelegenheit, die es dem einzelnen erlaubt, sinnvoll etwas zu tun, statt sich mit dem Gefühl der Hilflosigkeit herumzuschlagen, das aus der Unsicherheit entsteht, ob die, die das Sagen haben, das Richtige tun werden oder nicht.

Wie wir alle schon helfen

Viele von uns verspüren den Wunsch, *etwas zu tun*, wo immer etwas getan werden kann. Und es ist diese Sensibilität gegenüber der Notwendigkeit zu handeln, die den Unterschied ausmacht:

1. Recycling wird immer selbstverständlicher. Papier, Flaschen, Plastik und Metall – alles wird recycled. Papierrecycling hat besonders gute Auswirkungen. Die Vereinigten Staaten sind der größte Papierkonsument der Welt; 300 Kilogramm Papier werden pro Kopf und pro Jahr verbraucht.[133] (Der Papierverbrauch in Deutschland liegt nur geringfügig niedriger.) Recyclingpapier benötigt nicht nur 64 Prozent weniger Energie bei der Produktion, sondern ist auch zu 74 Prozent weniger an der Luftver-

schmutzung und zu 35 Prozent weniger an der Wasserverschmutzung beteiligt.[134] Und natürlich schützt Recyclingpapier unsere Wälder. Jede Tonne Recyclingpapier, die produziert wird, rettet etwa 17 Bäume.[135] Japan recycled inzwischen 50 Prozent seines Mülls. Westeuropa und die Vereinigten Staaten recyclen 30 Prozent bzw. 10 Prozent.[136] Mindestens 30 Staaten in den USA bereiten zum Zweck des Recyclings Abfalltrennprogramme vor.[137]

2. Fahrgemeinschaften haben die Zahl der Autofahrten verringert, was wiederum in eine Reduzierung des Benzinverbrauchs mündet.

3. Hauseigentümer isolieren Wände, Dächer und Heißwasserleitungen. Dadurch wird Öl gespart, was wiederum die Abgabe von Kohlendioxyd an die Atmosphäre drastisch reduziert.

4. Über die Schädigung, die durch Styropor hervorgerufen wird, hat sich ein neues Bewußtsein gebildet. Eine der vielen Möglichkeiten, die man hat, um den Verbrauch von Styropor einzuschränken, ist, abwaschbare Tassen zur Arbeit mitzubringen, statt jedesmal eine neue Styroportasse zu nehmen, sobald man etwas trinken möchte.

5. Große Anstrengungen werden unternommen, um Wasser zu sparen. Die Reparatur tropfen-

der Hähne, Spülstoppvorrichtungen in den Toiletten, das Fegen von Bürgersteigen und Straßen, statt sie abzuspritzen, den Rasen nachts zu sprengen, statt dann, wenn die Sonne brennt, um die Verdunstung zu verringern – all das sind Maßnahmen, um den Wasserverbrauch einzudämmen.
6. Lichter zu löschen, die man nicht braucht, gehört heute schon zur Selbstverständlichkeit.
7. Stromsparlampen werden eingesetzt, weil sie wesentlich weniger Energie verbrauchen als herkömmliche Glühlampen.
8. Große Fortschritte wurden in der Reinigungsmittelindustrie gemacht. Die üblichen Zusätze in den Haushaltsreinigern (die normalerweise aus Erdölprodukten bestehen, aus künstlichen Farb- und Duftstoffen) und die reizenden und umweltschädlichen Bleichstoffe wurden durch ökologisch sichere Alternativen ersetzt.

Heute sind wir uns der Tatsache bewußt, daß diese toxischen Produkte, die wir bislang benutzt haben, nur sehr langsam und oftmals überhaupt gar nicht abgebaut werden. Wir wissen, daß dies zur Vergiftung der Flüsse, Seen, Meere und Ozeane beiträgt. Viele von uns wechseln zu biologisch abbaubaren Produkten, die in harmlose natürliche Substanzen innerhalb von drei bis fünf Tagen umgewandelt werden können.

9. Forschungen werden vorangetrieben, die den Gebrauch von Methanol, Äthanol und Wasserstoff zum Antrieb von Autos fortentwickeln sollen. Tatsächlich gibt es schon Autos, die diese Stoffe als Kraftstoff benutzen, obgleich sie zahlenmäßig noch sehr gering sind. Wir sehen jedoch, daß diese Technik schon existiert und sich verbessert.

10. In Landstrichen, wo es existiert, wird Methangas gewonnen und eingesetzt. Dieses Gas gibt bei der Verbrennung nur die Hälfte des Kohlendioxyds ab, das bei der Verbrennung von Kohle entsteht, erzeugt jedoch die gleiche Energie.[138]

11. Die Solartechnik, die absolut keinen Abfall erzeugt und eine buchstäblich unerschöpfliche Energiequelle darstellt, wird immer raffinierter und von Tag zu Tag preiswerter. Die Kosten von photovoltaischen Solarzellen sind seit dem Jahr 1980 um 75 Prozent gesunken.[139]

12. Immer mehr Bäume werden gepflanzt. Überall auf der Welt gibt es Projekte, das Land wieder aufzuforsten. In vielen Städten und Gemeinden unterstützen sowohl die Behörden als

auch private Organisationen Baumpflanzkampagnen.

In seiner Regierungsansprache im Januar 1990 warb Präsident *George Bush* dafür, Mittel zu sammeln, um eine Milliarde Bäume pro Jahr in den USA zu pflanzen.

In Australien hat der Premierminister *Bob Hawke* ein neues nationales Programm ausgerufen, um bis zum Jahr 2000 eine Milliarde Bäume zu pflanzen.

13. Viele Menschen folgen bereits den Ratschlägen führender Experten und reduzieren ihren Fleischverzehr. 1970 aßen die Amerikaner noch durchschnittlich 57 Kilogramm Fleisch pro Person. 1988 waren es nur noch 35 Kilogramm pro Person.[140] (In Deutschland-West waren es 1989 noch immer 100,2 Kilogramm pro Kopf und Jahr.)

Nach einer jüngsten Gallup-Umfrage haben schon 45 Prozent der Amerikaner damit begonnen, Rind- und Schafffleisch aus ihrer Ernährung zu streichen; 36 Prozent reduzieren schon ihren Verzehr an Milchprodukten.[140A] (In Deutschland-West ist der Verbrauch ständig gestiegen und lag 1988 bei 124,7 kg.)

14. 81 Nationen, die USA und die Sowjetunion eingeschlossen, haben eine Erklärung verab-

schiedet, die einen vollständigen Verzicht auf Fluorchlor-Kohlenwasserstoffe (FCKW) vorsieht.[141]

15. Obgleich Giftmüll noch vor kurzem rücksichtslos und praktisch überall abgelagert wurde – in Seen, Flüssen, Hinterhöfen, Sümpfen –, wird diese Praxis zunehmend verfolgt und bestraft. In vielen Staaten wurden Strategien entwickelt, die das Müllvolumen eingrenzen.

16. Es gibt nationale und internationale Anstrengungen, die Gewässer wieder zu reinigen. Noch vor wenigen Jahren konnte man im Lake Michigan und im Lake Erie nicht einen einzigen Fisch finden. Heute finden sich in beiden Gewässern wieder wachsende Fischpopulationen. Ähnliche Erfolge gibt es in den Gewässern von Schweden, Deutschland, der Schweiz und anderen Ländern.

17. Die Kompostierung von Abfall zu Erde, ein Verfahren, dem man bislang nur wenig Aufmerksamkeit geschenkt hatte, wurde wiederentdeckt. 1989 nahm die Zahl der Müllkompostierprojekte um fast 80 Prozent zu.[142]

18. Viele Bauern wechseln entweder zu organischen Anbaumethoden über oder beschäftigen sich zumindest mit solchen Verfahren. Die Ursache dieses positiven Trends ist die wachsende

Zahl von Menschen, die ganz gezielt nach organisch gewachsenen Lebensmitteln fragen, um schädliche Chemikalien zu vermeiden, die bislang routinemäßig über das Land und die Ernte verteilt wurden. Es gibt Untersuchungen, die festgestellt haben, daß die organische Anbauweise in der Regel einen ebenso großen Ertrag erwirtschaftet wie die Anbauweise, die Pestizide und synthetische Düngemittel zu Hilfe nimmt.[143]

19. Überall hat man inzwischen begonnen einzusehen, daß man besser fährt, wenn man Gutes tut. Nach einem Bericht des »Fortune Magazines« nehmen große Unternehmungen einschneidende Veränderungen vor, um ihre Produkte auf umweltfreundlichere Weise als je zuvor auf dem Markt zu präsentieren.[144]

20. Die Weltbank, die an die Dritte Welt Geld für Entwicklungsprojekte ausleiht, hält immer häufiger Mittel zurück, die für ökologisch zweifelhafte Programme eingesetzt werden sollen. Das Ergebnis ist ein wachsendes öffentliches Bewußtsein über Umweltthemen und ein neues unternehmerisches Interesse an umweltverträglichen Projekten. Kürzlich erklärte die Weltbank ihre Absicht, ihre Mittel, die sie zur Erforschung von Verfahren anbietet, wie

der tropische Regenwald geschützt werden kann, von 138 Millionen Dollar auf 350 Millionen Dollar 1990 aufzustocken.[145]

21. Inzwischen gibt es so etwas wie einen »Schulden-Natur-Ausgleich«. Costa Rica wurde eine Schuld von 5,6 Millionen Dollar an die American Express Bank erlassen; im Gegenzug zahlten die Nature Conservancy und verschiedene andere Geldgeber 748 000 Dollar und erhielten dafür die Zusage Costa Ricas, 1420 Quadratkilometer Land unter Naturschutz zu stellen. Eine ähnliche Vereinbarung wurde mit Ecuador getroffen; hier ging es um eine 9-Millionen-Dollar-Schuld. In Bolivien wurde eine 650 000-Dollar-Schuld gestrichen; im Gegenzug mußte das Land versprechen, annähernd 12 000 Quadratkilometer Land für Wald und Grasland zur Verfügung zu stellen. Weitere Transaktionen dieser Art sind momentan in Vorbereitung.

22. Im südamerikanischen Amazonasbecken haben sich acht Nationen zusammengetan, um künftig gemeinsam ihren Regenwald zu schützen. Die Präsidenten von Brasilien, Kolumbien, Ecuador, Guyana, Peru, Surinam und Venezuela sowie der Außenminister von Bolivien hatten sich getroffen und eine »Amazonas-Erklärung« veröffentlicht, als Antwort auf

»den Aufschrei der Welt angesichts der Zerstörung der Wälder«.[146]
23. Die politische Partei der Grünen, die in Europa ihren Anfang nahm und sich vorwiegend auf die Ökologie des Planeten Erde konzentriert, ist zu einer weltweiten Bewegung geworden. Grüne wurden in die Nationalparlamente der Schweiz, Belgiens, Deutschlands, Finnlands, Australiens, Italiens, Luxemburgs, Schwedens, Portugals und Islands gewählt.[147] Die Bewegung wird jetzt auch in den Vereinigten Staaten zunehmend populär.
24. Des weiteren gibt es in der ganzen Welt eine zunehmend populäre Bewegung, die sich »Grüne Konsumenten« nennt. Gemeint ist damit, daß man sich vor dem Kauf eines bestimmten Produktes erst einmal informiert und dann eine ganz bewußte Wahl trifft. Das Council on Economic Priorities (CEP) veröffentlichte in den USA eine Broschüre, in der darauf hingewiesen wird, welche Unternehmen mit ihren Produkten die Umwelt schädigen und welche nicht. Diese Art der Information gibt allen eine Chance, »die Macht des Geldbeutels« einzusetzen, so daß die Unternehmen überzeugt werden, daß es sich lohnt, Geschäfte in einer sozial verträglicheren Weise abzuwickeln.

Außerdem...

William Reilly, Präsident des Wildlife Fund, wurde zum Vorsitzenden der Environmental Protection Agency (EPA) ernannt (die EPA ist in den Vereinigten Staaten eine maßgebliche Umweltbehörde). *Mr. Reilly* verlor keine Zeit. Zusätzlich zu den Empfehlungen, den Verbrauch von Fluorchlor-Kohlenwasserstoffen zu beenden, hat die EPA jetzt vorgeschlagen:

- *»Stopp der globalen Entwaldung, indem so viele Bäume gepflanzt wie gefällt werden.*
- *Höhere Steuern für Kohle, Öl und Erdgas, die darauf abzielen, von dem Gebrauch fossiler Ressourcen wegzulenken.*
- *Beschleunigte Erforschung der Solarenergie.*
- *Eine deutliche Ausweitung des Gebrauchs von Brennstoffen aus Biomasse (Bäume usw.), um fossile Energieträger zu sparen.*
- *Ein Programm, das die Effizienz der privaten Heizungen steigert, mit dem Ziel, die Ölmenge pro Haushalt, die 1980 verbraucht wurde, zu halbieren.«*[148]

Sie sehen also, daß sich zahlreiche ermutigende Trends überall auf der Welt entwickeln. Da wir in diesem Bemühen alle am gleichen Strang ziehen, stellen wir allmählich fest, daß, wenn jeder von uns bereit ist, seinen Teil beizutragen, beträchtliche Fortschritte erzielt werden können. Es tut gut zu wissen, daß dort, wo es wirklich darauf ankommt, so viele besorgte Bürger zum Handeln motiviert werden können.

Ja! Auch ich will meinen Teil beitragen

Ob Sie nun von dem Umweltthema ergriffen sind und praktisch alle Stunden Ihres Tages mit Projekten verbringen, die die Umwelt wieder instandsetzen sollen, oder ob Sie sich nur nebenbei der Notwendigkeit, daß etwas geschieht, bewußt sind, eines ist absolut sicher:

Wenn Sie den Verbrauch an Tierprodukten reduzieren, dann sind Sie ein Teil der Lösung, nicht mehr ein Teil des Problems. Sie leisten dann Ihren Beitrag. Einen positiven. Und es ist keine günstigere Zeit als jetzt, um diesen Beitrag zu leisten.

Der Historiker *Thomas Carlyle* drückt es mit diesen Worten aus: *»Unsere große Aufgabe ist nicht, zu erkennen, was in einem entfernten Nebel liegt, sondern das zu tun, was klar auf der Hand liegt.«*

Noch einmal vielen Dank, daß Sie sich die Zeit nehmen. Danke für Ihr Mitmachen.
Harvey Diamond

ANHANG

Machen Sie mit beim V-Tag!

Die Gesellschaft für Lebenskunde e.V. unterstützt *Harvey Diamond* und wird auch Ihren Beitrag zur Einführung eines V-Tages dadurch leisten, daß...

...jedes neue Mitglied, das sich verpflichtet, mindestens einen V-Tag pro Woche einzulegen, also bereit ist, 1 Tag pro Woche ohne Tierprodukte (ohne Fleisch, Wurst, Milch und Milchprodukte sowie Eier) zu leben, für ein Jahr nur einen Mitgliedsbeitrag von DM 40,- statt DM 60,- zu zahlen braucht.

Beherzigen Sie folgendes Zitat:
  »Es gibt keinen größeren Fehler im Leben, als nichts zu tun, weil man meint, wenig zu tun habe keinen Sinn.«

Fordern Sie weitere Unterlagen bei der Gesellschaft für natürliche Lebenskunde e.V., Stendorfer Str. 3, 27721 Ritterhude, an.

Organisationen

Die folgenden Organisationen engagieren sich im Kampf für eine bessere Umwelt, für den Waldschutz und gegen die Massentierhaltung. Wenn Sie sich mit Ihrer Stimme, Ihrem Einfluß und Ihren finanziellen Möglichkeiten anschließen, dann tragen Sie einen wichtigen Teil dazu bei, daß diese Alternativbewegung wächst und gestärkt wird.

USA

Better World Society, POB 96051, Washington D.C., 20077, USA.

The Climate Institute, 316 Pennsylvania Ave., SE, Suite 403, Washington, D.C. 20003, U.S.A.

Conservation International, 1015, 18th Street, NW, Suite 1000, Washington, D.C. 20036, U.S.A.

The Cousteau Society, 930, West 21st Street, Norfolk, VA 23517, U.S.A.

Earth First, POB 5871, Tucson, AZ 25703, U.S.A.

Earth Island Institute, 300 Broadway, Suite 8, San Francisco, CA 94133, U.S.A.

Earthsave, 706, Frederick Street, Santa Cruz, CA 95062, U.S.A.

Environmental Action Foundation, 1525 New Hampshire Ave., N.W. Washington, D.C. 20036, U.S.A.

Environmental Defense Fund, 257 Park Ave. South New York, NY 100100, U.S.A.

Food First, 145 Ninth Street, San Francisco, CA 94103, U.S.A.

Friends of the Earth, 218 D Street, SE, Washington D.C. 20003, U.S.A.

Global Tomorrow Coalition, 1325 G Street, NW, Suite 915, Washington D.C. 20005-3014, U.S.A.

Green Comittees of Correspondence, POB 30208, Kansas City, MO 64112, U.S.A.

Greenhouse Crisis Foundation, 1130 17. Street, NW, Suite 630, Washington, D.C. 20036, U.S.A.

Greenpeace, USA, 1436 U Street, NW, Washington, D.C. 20009, U.S.A.

National Audubon Society, 950 Third Avenue, New York, NY 10022, U.S.A.

National Wildlife Federation, 1400 Sixteenth Street, NW, Washington, D.C. 20036, U.S.A.

Natural Resources Defence Council, 1350 New

York Avenue, NW, Suite 300, Washington, D.C. 20005, U.S.A.

The Nature Conservancy, 1815 North Lynn Street, Arlington, VA 22209, U.S.A.

New Forest Project, 731 Eigth Street, SE, Washington, D.C. 20003, U.S.A.

Rainforest Action Network, 301 Broadway, Suite A, San Francisco, CA 94133, U.S.A.

Rainforest Alliance, 270 Lafayette Street, Suite 512, New York, NY 10012, U.S.A.

Renew America, 1400 Sicteenth Street, Suite 710, Washington, D.C. 20036, U.S.A.

The Sierra Club, 730 Polk Street, San Francisco, CA 94109, U.S.A.

Trees for Life, 1103 Jefferson, Wichita, KS 67203, U.S.A.

The Tree People, 12601 Mulholland Drive, Beverly Hills, CA 90210, U.S.A.

Wilderness Society, 1400 Eye Street, NW, Washington, D.C. 20005, U.S.A.

World Health Foundation for Peace, 1400 Shattuck Ave., Berkeley, CA 94709, U.S.A.

World Resources Institute, 1709 New York Ave., NW, Washington, D.C. 20006, U.S.A.

Zero Population Growth, 1400 Sixteenth Street, NW, Suite 320, Washington, D.C. 20036, U.S.A.

Deutschland

Bundesverband Bürgerinitiativen Umweltschutz e.V. (BBU), Friedrich-Ebert-Allee 120, 53177 Bonn

Bund für Umwelt und Naturschutz (BUND) e.V., Goebenstr. 3 A, 30161 Hannover

Greenpeace e.V., Vorsetzen 53, 20459 Hamburg

Robin Wood e.V., Lahnstr. 65, 28199 Bremen

Schutzgemeinschatz Deutscher Wald e.V., Rendsburger Str. 23, 24361 Groß-Wittensee

Verein gegen tierquälerische Massentierhaltung e.V., Teichtor 10, 24226 Heikendorf bei Kiel

World Wildlife Fund (WWF), PF 9 02, Pforzheimer Str. 176, 76275 Ettlingen

Buchempfehlungen

Berger, John J.: »Restoring the Earth: How Americans Are Working to Renew Our Damaged Environment« (Wiederherstellung der Erde: Wie Amerikaner daran arbeiten, die geschädigte Umwelt zu erneuern). Anchor Press 1987.

Brown, Lester R., et al.: »State of the World 1990« (Zur Lage der Welt 1990). W. W. Norton, New York 1990.

Caufield, Catherine: »In the Rainforest« (Im Regenwald). University of Chicago Press, Chicago 1984.

The Earth Works Group: »50 Simple Things You Can Do to Save the Earth« (50 einfache Dinge, die Sie tun können, um die Erde zu retten). Earthworks Press, Berkeley 1989.

Ehrlich, Anne H. und *Paul R.:* »Earth« (Erde). Franklin Watts, New York 1987.

Fukuoka Masanobu: »The Road Back to Nature: Regaining the Paradise Lost« (Der Weg zurück zur Natur: Wie wir das verlorene Paradies wiedergewinnen können). Japan Publ., New York 1987.

Global Tomorrow Coalition: »Citizen's Guide to Sustainable Development« (Führer für eine dauerhafte Entwicklung). Washington 1989.

Goldsmith, Edward und *Nicholas Hildyard:* »The Earth Report: The Essential Guide to Global Ecological Issues« (Der Welt-Report: Das große Nachschlagewerk zu ökologischen Themen). Price Stern Sloan, Los Angeles 1988.

Hollender, Jeffrey: »How to Make the World a Better Place« (Wie die Welt lebenswerter gemacht werden kann). Quill, New York 1990. U.S.A.

Lappé, Frances Moore: »Diet for a Small Planet« (Ernährung auf einem kleinen Planeten). Ballantine Books, New York 1982.

Mason, Jim, und *Peter Singer:* »Animal Factories« (Tierfabriken), Crown, New York 1980.

Myers, Norman (Hrsg.): »Gaia: Der Öko-Atlas unserer Erde«. Fischer, Frankfurt 1986.

Perlin, Jon: »A Forest Journey« (Eine Reise durch den Wald). Norton, New York 1989.

Rifkin, Jeremy: »Entropy: Into the Greenhouse World« (Entropie: Hin zu einer Treibhauswelt). Bantam New Age, New York 1989.

Robbins, John: »Diet for a New America« (Ernährung für ein neues Amerika). Stillpoint Publishing, Walpole 1987.

Schneider, Stephen H.: »Global Warming: Are We Entering the Greenhouse Century?« (Globale Erwärmung: Treten wir in das Treibhaus-Jahrhundert ein?« Sierra Club Books, San Francisco 1989.

Seymour, John, und *Herbert Girardet:* »Blueprint for a Green Planet: Your Practical Guide to Restoring the World's Environment« (Entwurf eines Grünen Planeten: Ihr Praxis-Führer für die Wiederherstellung der Umwelt). Prentice Hall, New York 1987.

The World Commission on Environment and Developement: »Our Common Future« (Unser aller Zukunft). Oxford University Press, New York 1987.

Anmerkungen

1 The Surgeon General's »Report on Nutrition and Health« (Ernährungs- und Gesundheitsbericht), U.S. Dept. of Health and Human Services, 1988.
2 American Heart Association, ein Hinweis in der *Los Angeles Times*, 17. Januar 1989.
3 The Surgeon General's »Report on Nutrition and Health« (Ernährungs- und Gesundheitsbericht), U.S. Dept. of Health and Human Services, 1988.
4 »The Dismal Truth About Teen-Age Health« (Die düstere Wahrheit über die Gesundheit der Jugendlichen), *Reader's Digest*, März 1986.
4 A Marlene Cimons, »U.S. Urges Cholesterol Cut Even If Disease Risk Is Low« (Die USA drängen auf eine Reduzierung des Cholesterins selbst bei niedrigem Krankheitsrisiko), *L. A. Times*, 28. Februar 1990.
5 *L. A. Times*, 24. September 1989.

6 Thomas H. Maugh II, »Ocean Data Shows Global Warming May Have Begun« (Die ozeanischen Daten beweisen: Die Erwärmung hat wahrscheinlich begonnen), *L. A. Times*, 20. April 1989.
7 »First Evidence of Solar Icecap Melting« (Erste Beweise für das sonnenbedingte Abschmelzen der Polkappen), *The Environment Digest*, Nr. 29, Oktober 1989.
8 Michael Parrish, »Rising Sea Seeping Into Coast Plans« (Der Anstieg des Meeresspiegels beginnt die Küstenplanungen zu beeinflussen), *L. A. Times*, 15. August 1989.
9 Ebenda.
10 *L. A. Times*, 25. Mai 1989.
11 »Feeling the Heat« (Man spürt die Hitze), *Time*, 2. Januar 1989.
12 »Growing Concern Over Global Warming« (Wachsende Sorge über die globale Erwärmung), *The Animal's Voice*, Vol. 2, Nr. 2, April 1989.
13 Michael Rogers, »Five Weathermen of the Apocalypse« (Fünf apokalyptische Wetterfrösche), *L. A. Times Magazine*, 21. Mai 1989.
14 »The Drought of '89: World Food Supplies Are Dwindling Fast« (Die 89er-Dürre: Die

Welternährungsreserven schmelzen rasch dahin), *Solstice*, Ausgabe 35, März/April 1989.
15 »Breadbaskets and Dustbowls« (Brotkörbe und Dürregebiete), *Solstice*, Vol. 36, Mai/Juni 1989.
16 Ebenda.
17 Elizabeth Darby-Junkin, »Environment as National Security« (Umwelt als nationale Sicherheit), *Buzzworm*, Sommer 1989.
18 »The Drought of '89: World Food Supplies Are Dwindling Fast« (Die 89er Dürre: Die Welternährungsreserven schmelzen rasch dahin), *Solstice*, Ausgabe 35, März/April 1989.
19 Michael Satchell, »The Whole Earth Agenda« (Das Whole-Earth-Handbuch), *U.S. News & World Report*, 25. Dezember 1989–1. Januar 1990.
20 Larry B. Stammer, »Saving the Earth: Who Sacrifices?« (Die Erde retten: Wer trägt die Opfer?), *Los Angeles Times*, 13. März 1989.
21 Richard Monestersky, »Global Change: The Scientific Challenge« (Globaler Wandel: Die Herausforderung an die Wissenschaft), *Science News*, Vol. 135, Nr. 15, 15. April 1989.
22 Art Pine, »Summit Stresses Ecological Threat« (Weltwirtschaftsgipfel betont ökologische Bedrohung), *L. A. Times*, 17. Juli 1989.

23 Tom Regan, »But for The Sake of Some Little Mouthful Of Flesh« (Nur wegen eines Stückchens Fleisch), *The Animal's Agenda*, Vol. 2, Nr. 1, Februar 1989.

24 »The Global Bonfire« (Der Weltenbrand), *New York Times*, 1. Juli 1989.
Neil R. Sampson, »ReLeaf For Global Warming« (Ausweg aus der globalen Erwärmung), *American Forests*, November/Dezember, 1988.

25 David Pimental, »Hot Wiring America's Farms« (Die Hitze stranguliert Amerikas Landwirtschaft), in »Fueling The Future«, *Vegetarian Times*, Juli 1989.

28 U.S.D.A.-Karte, eine Illustration in »Our Common Future: Healthing the Planet« (Unser aller Zukunft: Den Planeten heilen), Symposium, organisiert von der UCLA School of Medicine, 13. Mai 1989.

29 Mary Bralove, »The Food Crisis: The Shortages May Pit the ›Have Nots‹ Against the ›Haves‹« (Nahrungsmittelkrise: Die Knappheit könnte die Besitzlosen gegen die Besitzenden aufbringen), *Wall Street Journal*, 3. Oktober 1974.

Soil and Water Resources Conservation Act (Gesetz über die Wasser- und Bodenressourcen), Review Draft Part I (Kurzüberblick, Teil I), Appraisal 1980, United States Department of Agriculture, Tabelle 6 I 1.

U.S.D.A., *Agricultural Statistics*, 1984.

30 H. J. Maidenburg, »The Livestock Explosion« (Die Explosion der Viehhaltung), *New York Times*, 1. Juli 1973.

Statistical Abstract of the United States (Statistisches Jahrbuch der Vereinigten Staaten), 1982–1983, Tabelle 203 und 205.

Siehe Anmerkung 34.

U.S.D.A., *Agricultural Statistics*, 1984.

31 Mary Bralove, »The Food Crisis: The Shortages May Pit the ›Have Nots‹ Against the ›Haves‹« (Die Nahrungsmittelkrise: Die Knappheit könnte die Besitzlosen gegen die Besitzenden aufbringen), *Wall Street Journal*, 3. Okt. 1974.

32 U.S.D.A., *Agricultural Statistics*, 1984.

U.S.D.A., »Composition of Foods«, Tabelle 6, 1963.

Siehe Anmerkung 34.

33 *Statistical Abstract of the United States* (Statistisches Jahrbuch der Vereinigten Staaten), Tafeln 1211 und 1221, 1982–1983.

34 *Soil and Water Resources Conservation Act* (Gesetz über die Wasser- und Bodenressour-

cen), Review Draft Part I (Kurzüberblick, Teil I), Appraisal 1980, United States Department of Agriculture.

Nach einem persönlichen Gespräch mit R. Hur.

34 »A National Agriculture Land Study« (Überblick über die nationalen Landwirtschaftsflächen), National Resources Inventory, 1982.

Agricultural Statistics, United States Department of Agriculture, 1981 and 1988.

Siehe Anmerkung 34.

34 B Ebenda.

Statistical Abstract of the United States (Statistisches Jahrbuch der Vereinigten Staaten), U.S. Department of Agriculture, Tafel 1148, 1982–1983.

35 *Commercial Fertilizer Consumption in the United States* (Kommerzieller Düngerverbrauch in den Vereinigten Staaten), U.S.D.A. Statistical Reporting Service, 1985.

36 John Cogan, Energy Information Center, Department of Energy, Washington, D.C., nach einem persönlichen Gespräch, 26. Februar 1990.

Frank Maxey, Energieexperte, Office of Chemicals and Applied Products, U.S. Department of Commerce, Washington, D.C., nach

einem persönlichen Gespräch, 26. Februar 1990.
37 S. Harris, »Organichlorine Contamination of Breast Milk« (Die Verseuchung der Muttermilch mit chlorierten Kohlenwasserstoffen), *Environmental Defense Fund*, Washington, D.C., 7. November 1979.

J. Balbien, S. Harris und T. Page, »Diet as a Factor Affecting Organichlorine Contamination of Breast Milk« (Ernährung als Mittel gegen die Verseuchung der Muttermilch mit chlorierten Kohlenwasserstoffen), *Environmental Defense Fund*, Washington, D.C.
38 Frances Moore Lappé, *Diet for a Small Planet* (Nahrung für einen kleinen Planeten), Tenth Anniversary Edition, New York: Ballantine Books, 1982.

Alan Durning, Worldwatch-Institute.
39 Ebenda.
40 »The Browning of America« (Amerika wird geröstet), *Newsweek*, 22. Februar 1981.
41 Georg Borgstrom, Präsentation auf dem Jahrestreffen der American Association for the Advancement of Science.

Paul and Anne Ehrlich, *Population, Resources, Environment* (Bevölkerung, Ressourcen und Umwelt), W. H. Freeman, 1972.

42 Marc Reisner, »The Emerald Desert« (Die grüne Wüste), *Greenpeace*, Vol. 15, Nr. 4, Juli/August 1989.

43 John Robbins, *Diet For A New America* (Nahrung für ein neues Amerika), Walpole, N.H.: Stillpoint Publishing, 1987.

44 William Lagrone, »The Great Plains«, in *Another Revolution in U.S. Farming?* (Eine weitere Revolution der amerikanischen Landwirtschaft?), Schertz, et al., U.S.D.A., E.S.C.S., Agricultural Economic Report Nr. 41, Dezember 1979.

»Report: Nebraska's Water Wealth Is Deceptive« (Nebraskas Wasserreichtum schwindet), *Omaha World Hearald*, 28. Mai 1981.

John Seymour and Herbert Girardet, *Blueprint for a Green Planet* (Modell eines grünen Planeten), Prentice-Hall, New York, 1987.

45 *Soil and Water Resources Conservation Act* (Gesetz zur Bewahrung der Boden- und Wasserressourcen), 1980 Appraisal Review Draft, Part I, U.S. Dept. of Agriculture.

Georg Borgstrom, zitiert in *Diet for A Small Planet* (Nahrung für einen kleinen Planeten), Ausg. 1975.

Raymond Loehr, *Pollution Implications of Animal Wastes*, Water Pollution Control Research Series, Washington, D.C., Office of Research Monitoring, U.S.E.P.A., 1968.

46 Jim Mason and Pete Singer, *Animal Factories* (Tierfabriken), New York: Crown Publishers, 1980.

David Pimental, »Energy and Land Constraints in Food Protein Production« (Energie- und Flächenbedarf der Eiweißproduktion), *Science*, 21. November 1975.

H. A. Jasiorowski, »Intensive Systems of Animal Production« (Intensive Systeme der Tierproduktion), *Proceedings of the Third World Conference on Animal Production*, ed. R. F. Reid, Sydney University Press, 1975.

Jackie Robbins, *Environmental Impact Resulting From Unconfined Animal Production* (Umweltfolgen ungezügelter Tierproduktion), Environmental Protection Technology Series, Cincinnati, U.S.E.P.A., Office of Research and Development, Environmental Research Information Center, Februar 1978.

47 Bruce Myles, »U.S. Antipollution Laws May Boost Cattle Feeders' Costs and Meat Prices« (Die US-Umweltschutzgesetze könnten die Kosten der Viehmäster und die Fleischpreise explodieren lassen), *Christian Science Monitor*, March 11, 1974.

48 *L.A. Times*, 17. Mai 1989.

»Alarms! Cries New World Poll« (Alarm! Ergebnis einer neuen weltweiten Umfrage), *Environmental Action*, Juli/August 1989.

49 Siehe Anmerkung 34.

Agricultural Statistics, U.S.D.A., 1984.

50 »The World Food Problem« (Das Welternährungsproblem), ein Bericht des *The President's Science Advisory Committee,* Vol. II, Mai 1967.

Fact Sheet, *Food Animals Concern Trust*, Issue 26, November 1982, Chicago.

51 John Robbins, *Diet For A New America* (Nahrung für ein neues Amerika), Walpole, N.H.: Stillpoint Publishing, 1987.

Aaron Altschul, *Proteins: Their Chemistry and Politics* (Eiweiß: Zusammensetzung und Politik), Basic Books, 1965.

Folke Dovring, »Soybeans« (Sojabohnen), *Scientific American*, Februar 1974.

52 S. Nelson, »Non-Dietary Factors in Nutrition« (Nichtdiätische Faktoren der Ernährung), *The Life Science Health System, College of Life Science,* Austin, Texas, 1978.

53 N. Mead, J. D. Mann, and D. Yarrow, »Whither the Trees?« (Was wird aus den Bäumen?), *Solstice*, Issue 34, Dez./Jan. 1989.

Lester Brown, Vorwort zu Perlin, John, *A Forest Journey* (Waldreise), New York: W. W. Norton, 1989.

Sandra Postel, »Global View of a Tropical Disaster« (Die Katastrophe der Tropenwälder aus globaler Sicht), *American Forests*, November/Dezember, 1988.

54 Robin Hur und David Fields, »Are High-Fat Diets Killing Our Forests?« (Bringt die fettreiche Nahrung unsere Wälder um?), *Vegetarian Times*, Februar 1984.

55 Ebenda.

56 Neil R. Sampson, »ReLeaf for Global Warming« (Ausweg aus der globalen Erwärmung), *American Forests*, November/Dezember 1988.

57 Siehe Anmerkung 54.

58 »Life In the Balance« (Leben in Gleichgewicht), eine Sendung der PBS, 29. März 1989.

59 Neil R. Sampson, »Cool the Greenhouse, Plant 100 Million Trees« (Kühlt das Treibhaus, pflanzt 100 Millionen Bäume), *Los Angeles Times*, 16. Oktober 1988.

60 Susan Meeker-Lowry, »Saving the Rainforests: An Economist's Plan« (Rettung der Regenwälder: Der Plan eines Ökonomen), *Organica*, Vol. 8, Nr. 27, Frühjahr 1989.

61 Aubrey Hampton, »Saving the Rainforests is Saving Ourselves« (Den Regenwald retten heißt, uns selbst retten), *Organica*, Vol. 8, Nr. 27, Frühjahr 1989.

62 »Hamburgers are Killing Trees« (Hamburger töten Bäume), *Newsweek*, 14. Sept. 1987.

63 Ebenda.

64 Siehe Anmerkung 51.
Acres, U.S.A., Kansas City, Mo. Vol. 16, Nr. 6, Juni 1985.

65 Siehe Anmerkung 74.

66 James Parsons, »Forest to Pasture: Development or Destruction?« (Aus Wäldern wird Weideland: Entwicklung oder Zerstörung?), *Revista De Biologia Tropical*, Vol. 25, Supp. Nr. 1, 1976.

67 Philip M. Fearnside, »Deforestation in Brazilian Amazonia« (Entwaldung im brasilianischen Amazonasbecken), *The Earth In Transition: Patterns and Processes of Biotic Impoverishment* (Erde im Wandel: Strukturen und Prozesse biotischer Verarmung), Cambridge University Press, 1990.

68 John David Mann und David Yarrow, »Diets and Deeds of Dinosaurs« (Ernährung und Verhalten der Dinosaurier), *Solstice*, Ausg. 34, Dezember/Januar 1989.

69 Siehe Anmerkung 24.
70 Siehe Anmerkung 60.
71 Randall Hayes, »Gone With The Trees« (Was mit den Bäumen verschwand), *The Animal's Voice*, Vol. 2, Nr. 1, Februar 1989.
David Suzuki, »The Biosphere Dwarfs Other Issues« (Die Biosphäre läßt andere Themen in den Hintergrund treten), *Earth Island Journal*, Herbst 1989.
72 Dick Russell, »The Critical Decade« (Die kritische Dekade), *E: The Environmental Magazine*, Vol. 1, Nr. 1, Januar/Februar 1990.
73 »Life in the Balance« (Leben in Gleichgewicht), eine Sendung der PBS, 11. April 1989.
74 »Rediscovering Planet Earth« (Planet Erde wird neu entdeckt), *U.S. News and World Report*, 31. Oktober 1988. (Die eigentliche Forschungsarbeit wurde von Christopher Uhl, Assistenzprofessor der Biologie, Penn State University, durchgeführt.)
75 Ebenda.
75 A Judy Krizmanic, »Why Cutting Out Meat Can Cool the Earth« (Warum eine Reduzierung des Fleischverbrauchs die Erde kühlen hilft), *Vegetarian Times*, Nr. 152, April 1990.
76 »Crimes Against Nature« (Verbrechen gegen

die Natur), »*Earth Island Journal*, Frühjahr 1989.

77 Karl Schoenberger, »A Lust for Trees, A Love of Wood« (Ein Leben für die Bäume, eine Liebe zum Holz), *L. A. Times*, 20. Dezember 1989.

78 »Malaysia's Forests Are Going Fast« (Malaysias Wälder verschwinden schnell), *Earth Island Journal*, Frühjahr 1989.

79 »Japan Plan To Pave The Andes« (Japan plant Route durch die Anden), *Earth Island Journal*, Frühjahr 1989.

80 »Rainforests« (Regenwälder), *The Environmental Digest*, Nr. 25, Juni 1989.

81 Edward A. Hansen, *Energy Plantations in North Central United States: Status of Research and Development Plantations* (Energieplantagen im Norden der Vereinigten Staaten: Stand der Forschung und Plantagenentwicklung), United States Dept. of Agriculture, Forest Service, Rhinelander, Wisconsin, 1988.

82 »Have Your Rainforest and Eat It Too« (Nimm deinen Regenwald und iß auch ihn), *Science News*, Vol. 136, Nr. 3, 15. Juli 1989.

83 Eugene Linden, »Playing with Fire« (Spiel mit dem Feuer), *Time*, 18. September 1989.

84 Siehe Anmerkung 72.

85 Vernon G. Carter and Tom Dale, *Topsoil and Civilization* (Bodenkrume und Zivilisation), University of Oklahoma Press, 1974.

H. W. Lawton und P. T. Wilde, »Ancient Agriculture Systems In Dry Regions« (Antike Landwirtschaftssysteme in Trockengebieten), in A. E. Hall, G. H. Cannell und H. W. Lawton, *Agriculture In Semi Arid Environments*, Springer-Verlag, N.Y., 1989.

86 William Brune, State Conservationist, Soil Conservation Service, Des Moines, Iowa; Aussage vor dem Senatsausschuß für Landschaft und Forsten, 6. Juni 1976.

Seth King, »Iowa Rain and Wind Deplete Farm Lands« (Iowas Wind und Regen dezimiert landwirtschaftliche Flächen), *New York Times*, 5. Dezember 1976.

Curtis Harnack, »In Plymouth County, Iowa, the Rich Topsoil's Going Fast, Alas« (In Plymouth County, Iowa, verschwindet die Bodenkrume leider sehr schnell), *New York Times*, 11. Juli 1980.

87 Robin Hur, »Six Inches From Starvation: How and Why America's Topsoil is Disappearing« (Zwanzig Zentimter vom Hunger entfernt: Wie und warum Amerikas Bodenkrume verschwindet), *Vegetarian Times*, März 1985.

David Pimental et al., »Land Degradation: Effects On Food and Energy« (Bodenverarmung: Auswirkungen auf die Lebensmittelerzeugung und den Energiehaushalt), *Science*, Volume 194, Oktober 1976.

National Association of Conservation Districts, Washington, D.C., *Soil Degradation: Effects On Agricultural Productivity* (Bodenverarmung: Auswirkungen auf die landwirtschaftliche Produktivität), Zwischenbericht Nr. 4, National Agricultural Lands Study, 1980.

Seth King, »Farms Go Down The River« (Die Farmen gehen den Bach hinunter), *New York Times*, 10. Dezember 1978.

88 Robin Hur, siehe Anmerkung 87.

89 John Seymour, siehe Anmerkung 44.

90 David Pimental et al., *Advances In Food Research* (Fortschritte in der Lebensmittelforschung), Vol. 32, Academic Press, 1988.

91 »Soil and Water Resources Conservation Act – Summary of Appraisal« (Gesetz über die Boden- und Wasserressourcen), U.S.D.A. Review Draft, 1980.

David Pimental, siehe Anmerkung 87.

National Association of Conservation Districts, siehe Anmkerung 87.

U.S.D.A., Economics and Statistics Service, *Natural Resource Capital in U.S. Agriculture: Irrigation, Drainage, and Conservation Investments Since 1900* (Das natürliche Ressourcenkapital in den USA: Investitionen in künstliche Bewässerung, Trockenlegung und Bodenbewahrung seit 1900), E.S.C.S. Staff Paper, März 1979.

92 Siehe Anmerkung 54.
Siehe Anmkerung 32.
Gespräch zwischen Robin Hur und:
K. Miller und J. Dose, Bureau of Land Management, U.S. Dept. of Interior, Washington, D.C.; W. Evans, D. Funking und J. Perry, National Forest Service, Washington, D.C.; sowie R. Wolf, Library of Congress, Washington, D.C.

93 Dyan Zaslowsky, »A Public Beef: Are Grazing Cattle Turning The American West Into A New Desert?« (Eine öffentliche Anklage: Verwandelt die Viehweide den amerikanischen Westen in eine neue Wüste?), *Harrowsmith*, Januar/Februar 1989.

94 Ebenda.
95 Ebenda.
96 Siehe Anmerkung 27.
97 Ebenda.

98 Siehe Anmerkung 93.
99 Ebenda.
100 Ebenda.
101 Mark A. Stein und Louis Sahagun, »BLM Woes Spill Onto Public Lands« (BLM beklagt Preisverfall bei öffentlichen Flächen), und »Environmental Activists Hit Bush Choice for U.S. Post« (Umweltaktivisten kritisieren Bush), *L. A. Times*, 21. Mai 1989.
»Ranchers Turn A Profit by Subletting, U.S. Land« (Rancher ziehen Gewinn aus Verpachtung von US-Land), *L. A. Times*, 23. Mai 1989.
102 Ebenda.
103 »Will We Mend Our Earth?« (Können wir die Erde noch ausbessern?«), *National Geographic*, Vol. 174, Nr. 6, Dezember 1988.
104 *Statistical Abstract of the United States*, 103rd Edition, 1982–1983, United States Dept. of Commerce, Bureau of Census, Tabelle 344.
105 Siehe Anmerkung 45.
106 Robin Hur und David Fields, »How Meat Robs America of Its Energy« (Wie das Fleisch Amerika seiner Energieressourcen beraubt), *Vegetarian Times*, April 1985.
J. T. Reid, »Comparative Efficiency of Animals in the Conversion of Feedstuffs to Hu-

man Foods« (Nahrungsmittelverwertung bei Tieren und Menschen: Ein Vergleich der Effektivität), *Confinement*, April 1976.

W. L. Roller et al., »Energy Costs of Intensive Livestock Production« (Energiekosten intensiver Viehhaltung), American Society of Agricultural Engineers, Juni 1975, St. Joseph, Michigan, Paper Nr. 75–4042, Tabelle 7.

Die Forschungsarbeiten zu diesen Veröffentlichungen wurden von Robin Hur durchgeführt.

Die Informationen wurden aus zahlreichen Regierungsinstitutionen und privaten Handelsgesellschaften zusammengetragen. Hervorzuheben wären The National Agricultural Land Study, U.S. Department of Agriculture, Department of Energy, Department of Transportation, Bureau of Economic Analysis, Bureau of the Census, Federal Highway Administration, and the Oak Ridge National Laboratories.

107 Robin Hur, siehe Anmerkung 54, und aufgrund eines persönlichen Gesprächs.

108 Lester Brown, The Overseas Development Council, zitiert in *Diet For A New America* (Nahrung für ein neues Amerika), 1987.

109 »World Hunger« (Welthunger), Bericht der

Lebensmittel- und Landwirtschaftsorganisation der Vereinten Nationen (FAO) in Rom, Italien, Herbst 1989.

110 Siehe Anmerkung 86.

111 Siehe Anmerkung 34.

112 Siehe Anmerkung 23.

113 »What On Earth Are We Doing« (Was um Himmels willen tun wir der Erde an?), *Time*, 2. Januar 1989.

114 »A Truce With Earth« (Waffenstillstand mit der Erde), *Los Angeles Times*, 13. März 1989.

115 Richard Grossman, »On Time and Tide« (Zeiten und Gezeiten), *Earth Island Journal*, Frühjahr 1989.

116 Brandon Mitchener, »Out On A Limb For Mother Earth« (Wir befinden uns mit Mutter Erde in einer gefährlichen Situation), *E: The Environmental Magazine*, Vol. 1, Nr. 1, Januar/Februar 1990.

117 *L. A. Times*, 17. Mai 1989.

118 »Alarms! Cries New World Poll« (Alarm! Ergebnis einer neuen weltweiten Umfrage), *Environmental Action*, Juli/August 1989.

119 Russell Peterson, »At Last, Earth's Future Is a Truly Global Concern« (Zumindest ist die Zukunft der Erde eine wahrhaft weltweite Sorge), *L. A. Times*, 14. Mai 1989.

120 »Keep Greenhouse At Bay« (Bringt den Treibhauseffekt unter Kontrolle), *Greenpeace*, Vol. 14, Nr. 4, Juli/August 1989.
121 Siehe Anmerkung 59.
122 Donald J. Nichol, *Trees: Guardians of the Earth* (Bäume: Hüter der Erde), Washington: Morningtown Press, 1988.
123 Siehe Anmerkung 17.
124 Siehe Anmerkung 122.
125 »Tree Power« (Die Macht der Bäume), *Earth Island Journal*, Winter 1988–89.
126 Ebenda.
127 Siehe Anmerkung 59.
128 Ebenda.
129 *Discovery Program*, »The State of the Planet« (Der Zustand des Planeten), gesendet am 25. November 1985.
130 Siehe Anmerkung 17.
131 »World Military and Social Expenditures« (Weltweite Ausgaben für Militär und Soziales), U.S. Department of Defense, 1982.
132 William D. Montalbano, »Pope Warns of Global Ecological Crisis« (Papst warnt vor globaler ökologischer Krise), *L. A. Times*, 6. Dez. 1989.
133 Siehe Anmerkung 60.

134 Thomas H. Rawls, »Ordinary People« (Ganz normale Leute), *Harrowsmith*, Nr. 25, Januar/Februar 1990.

135 »The Challenge Now« (Die aktuelle Herausforderung), *ORION: Nature Quarterly*, Winter 1990.

136 »A Stinking Mess« (Eine Schweinerei, die zum Himmel stinkt), *Times*, 2. Januar 1989.

137 Siehe Anmerkung 72.

138 »Feeling the Heat« (Man spürt die Hitze), *Time*, 2. Januar 1989.

139 »The Sun Shines On A Brave Renewable World« (Die Sonne scheint auf eine erneuerbare Erde), *Earth Island Journal*, Sommer 1989.

140 »The Sweet Smell of Success« (Der süße Geschmack des Erfolgs), *Harrowsmith*, Januar/Februar 1989.

»Red Meat Is No Longer Rare On Restaurant Menus« (An Rind- und Schaffleisch mangelt es nicht mehr auf den Speisekarten der Restaurants), *USA Today*, 8. August 1989.

140 A »Simple Guidelines to Develop a More Healthful Diet« (Einfache Regeln für eine gesündere Nahrung), *L. A. Times*, 15. März 1990.

141 »Call For Stronger Ozone Protection« (Der Ruf nach einem stärkeren Schutz der Ozonschicht), *Science News*, Vol. 135, Nr. 23, 10. Juni 1989.

142 Michael Parrish, »Trash Idea Rises From the Heap« (Haufenweise Müllideen), *L. A. Times*, 8. Februar 1990.

143 *L. A. Times*, 9. September 1989.

144 David Kirkpatrick, »Environmentalism: The New Crusade« (Die Umweltschutzbewegung: Ein neuer Kreuzzug), *Fortune*, 12. Feb. 1990.

145 Timothy C. Weiskel, »Ecological Lessons of the Past: An Anthropology of Environmental Decline« (Öko-Lektionen der Vergangenheit: Eine Anthropologie ökologischen Niedergangs), *The Ecologist*, Vol. 19, Nr. 3, Mai/Juni 1989.

146 *L. A. Times*, Mai 7, 1989.

147 William D. Montalbano, »Green Wave Surging Over West Europe« (Die grüne Welle erfaßt Westeuropa), *L. A. Times*, 11. Mai 1989.

148 »The Greenhousing of Politics« (Der Treibhauseffekt in der Politik), *Solstice*, Vol. 36, Mai/Juni 1989.

Register

Abbey, Edward 95
Äthanol 134
Altlasten 20
Amazonas 77, 80, 81
Amazonasbecken 80, 138
Amazonas-Erklärung 138
Antarktis 41, 48
Arteriosklerose 26–31, 47, 70, 109
Asimow, Isaac 78
Atmosphäre 38–40, 73, 76, 132
Atomenergie 86 (siehe auch Nuklearenergie)
Atomkrieg 78
Autos 49, 130, 132, 134
Avocados 34

Bäume 14, 26, 71–72, 74–77, 85–88, 98, 124–128, 135, 140
Ballaststoffe 36, 70
Baumpflanzaktionen 124, 135
Baumplantagen 87

Bevölkerungsexplosion 79
Bewässerung 58
Benzinverbrauch 132
Biomasse 140
Biozide 64, 68
Bleichstoffe 133
Bodendecke 14
Bodenerosion 89–93, 104 (siehe auch Erosion)
Bohnen 51
Braunkohle 86 (siehe auch Kohle)
Braunkohleabbau 87
Brot 108
Brower, David 119
Brown, Lester 44, 161
Buletten 82
Burke, Edmund 114
Bush, George 135

Carlyle, Thomas 141
Chemikalien 130, 137
Chemische Gifte 64
Cholesterin 28, 31–37

Cholesterinspiegel 31, 34–35, 37
Commoner, Dr. Barry 119

Deichschutzämter 42
Desertifikation 92–95, 104
Diabetes 27
Dregne, Harold 94
Dritte Welt 84, 137
Düngemittel 58, 137
Dürre 40, 42, 44, 65, 93

Ehrlich, Dr. Paul 78
Eier 29, 64, 107
Eisenbahn 59, 62
Eiskappe 41
Eiszeit 43
Eiweiß 33, 50–51, 70
Elektrizität 58–59
Energie 49–52, 57–60, 63, 85, 126, 133
Energieaufwand 49, 52
Energiekartell 51
Energiekrise 63
Energieressourcen 49, 50, 63, 86
Energieverbrauch 51, 57, 59, 63, 127
Energieversorgung 86
Entwaldung 140 (siehe auch Wald)
Entwicklungsprojekte 137

Erdöl 49–51, 61 (siehe auch Öl)
Erdgas 57, 140 (siehe auch Gas)
Ernährung 28, 31, 33, 37, 109, 115
Ernährungsrichtlinien 30
Erosion 68, 92 (siehe auch Bodenerosion)
Erwärmung 38, 45, 47, 73, 124, 127
Exkremente 68, 110

Fahrgemeinschaften 132
Faserstoffe 88
Fastfood 77
FCKW 61–62, 136, 140
Fernsehen 32
Fett 36
Fettsäuren 28, 36
Fisch 29, 64, 107
Fleisch 29, 32, 47, 53, 60–64, 70, 79–80, 98, 107, 135
Fleischindustrie 48–52, 61, 63–69, 84, 118
Fleischverzehr 94, 135
Fluorchlor-Kohlenwasserstoffe, siehe FCKW
Früchte 28–31, 35, 50, 64, 108 (siehe auch Obst)
Fungizide 68

Futter 53–57, 69–70
Futterversorgung 52

Gallup-Umfrage 69, 120, 135
Gas 39, 86 (siehe auch Erdgas)
Gefriermaschinen 62
Gemüse 28–36, 50, 64, 108
Gerste 53
Getreide 30, 35, 50, 53, 64, 108, 110
Gewässer 136 (siehe auch Wasser)
Gezeitenhub 42
Giftmüll 69, 136
Girardet, Herbert 104
Grosvenor, Gilbert M. 104
Grundwasser 92
Gummi 88

Hafer 53
Hamburger 76, 82, 84
Haushaltsreiniger 133
Hawke, Bob 135
Heizungen 140
Herbizide 68, 96
Herzanfall 26, 47
Herzerkrankungen 26, 35, 70, 109
Herzklappen 25

Heuschreckenplagen 44
Hitzerekorde 43
Hitzewellen 51
Holz 86, 126
Holzhandel 76
Holzverarbeitung 88
Honig 88
Hülsenfrüchte 108
Humus 90–92, 111
Hundefutter 79
Hunger 53, 91
Hur, Robin 75

Imbißnahrung 83

Junk Food 83

Kälterekorde 43–44
Käse 60
Kalorien 50–51
Kardiovaskuläre Krankheiten 26
Kartoffeln 70
Katzenfutter 79
Kennan, George F. 45
Kinder 15, 27, 32–33, 53, 79–80, 90–91, 109, 116, 119–121
Klarsichtfolie 61
Klima 38, 43
Klimaforschung 43
Klimaveränderung 43

Kohle 39, 85–87, 124, 134, 140 (siehe auch Braunkohle)
Kohlenbergbau 87
Kohlendioxyd 14, 39–40, 47, 49, 72–74, 76, 83–87, 110, 124–127, 134
Kohlendioxydemission 126
Kohlendioxydpegel 14
Kohlenhydrate 36, 70
Kompostierung 136
Koop, Dr. C. Everett 29
Kraftwerke 130
Krause, Florentin 84
Krebs 27, 35
Kühlmaschinen 62
Kühlung 60–61
Küstenplanung 42

Lagerung, 52, 60
Landwirtschaft 54, 58, 64
Lastzüge 59, 62
Lebenserwartung 31
Lebenskunde e. V. 147
Lebensmittel 28
Lebensmittelknappheit 89
Lebensmittelläden 62
Leber 34
Louis-Harris-Umfrage 69, 120
Luft 12, 14, 46, 65, 71–72, 74, 98, 112, 126, 128

Luftfilter 74
Luftverschmutzung 69, 120
Lungenerkrankung 27

Mais 51, 53
Makrokosmos 37
Mastställe 59
Mastvieh 50
Medikamente 36–37
Meeker-Lowry, Susan 81
Meeresspiegel 41–42
Methangas 134
Methanol 134
Metzgereien 62
Mikrokosmos 37
Milch 29, 32–33, 60
Milchindustrie 48–69, 84, 118, 135
Milchprodukte 29, 32, 64, 107
Militärausgaben 128
Mineralien 68
Mower, Jim 95
Moyers, Bill 78
Müll 132–136
Muir, John 94–95
Mutterboden 89–90

Nahrungsmittel 28, 50
Natriumsulfat 60
Naturkatastrophen 44
Naturschützer 119

Naturschutz 138
Naturschutzgebiet 80
Nebenwirkungen 33
Nüsse 28–30, 35, 64, 108
Nuklearenergie 130 (siehe auch Atomenergie)
Nutzholz 84 (siehe auch Holz)

Obst 36, 108 (siehe auch Früchte)
Ökogruppen 46
Ökosystem 47
Öl 39, 50, 59, 86, 88, 110, 132, 140 (siehe auch Erdöl)
Ölreserven 50
Ozonschicht 14, 61

Papier 131
Papst Johannes Paul II. 129
Pasteurisierung 60
Pestizide 63–69, 96, 137
Photosynthese 74
Pigmente 88
Pimental, Dr. David 50

Raven, Peter 82
Recycling 131–132
Regenwälder 77–88, 137–138 (siehe auch Tropenwälder, Wald)

Reilly, William 140
Reinigungsmittelindustrie 133
Reis 108
Rice, Richard 94
Rinder 59, 79
Rindfleisch 55, 67, 83, 135 (siehe auch Fleisch)
Roggen 53
Ross-Schelfeis 41

Säfte 108
Salate 28–31, 50, 64, 108
Samen 28–30, 35, 64
Sampson, R. Neil 127
Sauerstoff 26, 72–74, 76, 87, 110, 126
Sauerstoff-Kohlendioxyd-Gleichgewicht 72–73, 77, 124
Sauerstoffmangel 73
Saurer Regen 69
Schadstoffe 86–87
Schaffleisch 135 (siehe auch Fleisch)
Schlachten 52–53, 59
Schlachthäuser 59, 111
Schlaganfall 26, 28, 70, 109
Schulden-Natur-Ausgleich 138
Selbstheilung 105, 112
Sojabohnen 53–54

Solarenergie 140 (siehe auch Sonnenergie)
Solartechnik 134
Sommerville, Richard 43
Sonne 38
Sonnenenergie 39, 86 (siehe auch Solarenergie)
Sonnenlicht 41
Ställe 59
Steuern 67, 97–98, 120, 140
Steuervergünstigungen 81
Stickstoff 57
Stromsparlampen 133
Sturmfluten 41
Styropor 61–62, 132
Subventionen 67, 81

Tabak 36
Tagebau 87
Teigwaren 108
Temperatur 39
Tierprodukte 29–37, 47–52, 64, 69, 76, 82, 98, 109, 112–113, 116–118, 121, 130, 140
Todesfälle 26–28, 71, 112
Todesursachen 27–28, 35
Tolba, Mostafa K. 118
Transport 51–52, 59
Tree People 125
Treibhauseffekt 14, 38, 42–47, 73, 103, 124

Treibstoff 57, 110
Trinkwasser 45 (siehe auch Wasser)
Tropenwälder 104 (siehe auch Regenwälder, Wald)
Twain, Mark 107

UCLA 12
Überschwemmungen 41–42, 44
Überweidung 95
Umwelt 14, 46–49, 76, 86–87, 93, 112, 114–117, 119–120, 128–131, 139–141
Umweltflüchtlinge 44
Umweltkrise 17, 47, 113
Umweltschädigung 85
Umweltschützer 119–120

V-Tag 121–122, 147
Verarbeitung 52, 59, 88
Vergiftung 48
Verpackung 52, 61
Vertrieb 52, 67
Verwüstung 92 (siehe auch Desertifikation)
Verwesung 60
Viehwirtschaft 50, 53–59, 66, 75–97
Vollkorn 31

Wald 69, 74–76, 91–92, 110, 127–128, 132, 138 (siehe auch Regenwälder, Tropenwälder)
Waldgürtel 77
Waldschutzorganisation 128
Waldvernichtung 84
Wasser 12, 14, 45–46, 58, 65–67, 70–71, 77, 86, 96, 98, 109, 112, 133
Wasserspiegel 42
Wasserstoff 134
Wasserverbrauch 65, 133
Wasserverschmutzung 68–69, 132

Weidegebühr 97
Weideland 59, 88, 91–97
Weizen 51, 53, 67
Weizenkleie 36–37
Weltbank 137
Weltgetreideernte 44
Weltwirtschaftsgipfel 46
Werbekampagnen 33
Werbung 32, 83
Wetter 43
Winterweizen 44
Wirbelstürme 42
Würstchen 82
Wüste 92–93

Zubereitung 52

Unser Verlagsprogramm

Anderson »Ihre Gesundheit liegt in Ihrer Hand«

Banik »Trinkwasser und Ihre Gesundheit«

Baumgardt »Gesunde Kinder« – »OhneFleisch gesund leben« – »Ursache und Heilung von Allergien« »Wo finde ich was?«

Becker »100 Jahre alt werden?«

Bragg »Füße die Dich tragen« »Gesundes Herz« – »Gesund essen ohne Irrtümer« – »Schöne gesunde Haare« – »Wasser - Das größte Gesundheitsgeheimnis« – »Wunder des Fastens«

Bruno »Priester, Tierschützer und Vegetarier«

Culbert »CFS - Chronisches Müdigkeitssyndrom«

Diamond »Fit für´s Leben I« – »Fit für´s Leben II« – »Neue Eßkultur« »Unser Herz - Unsere Erde«

Ehret »Die schleimfreie Heilkost« – »Vom kranken zum gesunden Menschen durch Fasten«

Berhard Eppich »Alles schwingt - Bioenergie-Training«

Flanagan »Elixier der Jugendlichkeit«

Fry u. a. »Dynamische Gesundheit« – »Nie wieder Herpes« – »Reines Wasser für die Gesundheit«

Heybrock-Seiff »Richtlinien westlicher Atemtherapie«

Hovanessian »Rohkost«

Kime »Sonnenlicht und Gesundheit«

Langer »Gesund werden – gesund bleiben mit SonnenKost«

Michael »Haargeheimnisse«

Moeller »Gesundheit ist eßbar«

Munson »Auch Sie können Glück im Leben haben«

Ogden »Natürliche Haltung von Hunden und Katzen«

Omaljev-Bongartz »Schwangerschaft mit SonnenKost«

Owen »Das Krebstagebuch der Ärztin Anne Rush« – »Roys Heilung von AIDS«

Peterson »Fit fürs Leben durch kreatives Denken«

Pollmächer »Gesund werden–Ratgeber für biologische Heilweisen«

Sauer »Fußreflexzonentherapie mit Liebe und Licht«

Schweikert »Das Narrenzeitalter«

Waldthausen Verlag - 27718 Ritterhude

Unser Verlagsprogramm

Shelton »Fasten kann Ihr Leben retten« – »Richtige Ernährung mit natürlicher Nahrung« – »Syphilis - Irrtum der Medizin?«

Spiller »Dein Darm - Wurzel der Lebenskraft«

Stukenbrock »Strom-Monopol heizt unsere Atmosphäre auf«

Tilden »Mit Toxämie fangen alle Krankheiten an«

Walker »Darmgesundheit ohne Verstopfung« – »Frische Frucht- und Gemüsesäfte« – »Jünger werden« »Natürliche Gewichtskontrolle« – »Strahlende Gesundheit« – »Täglich frische Salate erhalten Ihre Gesundheit« – »Wasser kann Ihre Gesundheit zerstören«

Wandmaker »Dick & krank« »Willst Du gesund sein? Vergiß den Kochtopf!«

Yiamouyiannis »Früher alt durch Fluoride« – »Gesundheit aktiv«

Lebenskunde-Studienbriefe
für GesundheitsPraktiker

Zeitschrift
»*Fit fürs Leben*« - Die Zeitschrift für Ihre Gesundheit (6xjährlich, A4-Format, 4farbig, 48 Seiten)

Lebenskunde–Schriftenreihe:

Schrift 1: Milch - Quelle der Gesundheit oder Krankheit? • *Schrift 2*: Lebenskraft durch Fleisch? Ein Märchen! • *Schrift 3*: Fleisch - Ursache von Zivilisationskrankheiten • *Schrift 4*: Gesund bleiben - gesund werden, durch natürliche Ernährung • *Schrift 5*: Unser Wasser - Ursache von Krankheiten • *Schrift 6*: Vegetarismus gestern und heute

Schaubilder:

Lebensmittel-Kombinationstabelle • Endokrine Drüsen • Dickdarmtherapie • Fußreflexzonen-Therapie • Einheimische- und exotische Früchte • Vital-Transmitter

Vortrags-Ton-Cassetten:

Becker »100 Jahre alt werden? Kein Problem!« • *Diamond* »Fit für´s Leben« • *Moeller* »Die heimliche Mutter« – »Die Macht des Unbewußten und die natürliche Ernährung« – »Wenn der andere anders ist-ißt« • *Spiller* »Parasit im Parasit« – »Ganzheitstherapie bei Pilzkrankheiten« • *Wandmaker* »Enzyme - die Zündkunken des Lebens« – »Brot - Die Todeskost«

3/93

Waldthausen Verlag - 27718 Ritterhude

GOLDMANN

Natürliche Heilkunde

Das große Handbuch der
Homöopathie 13587

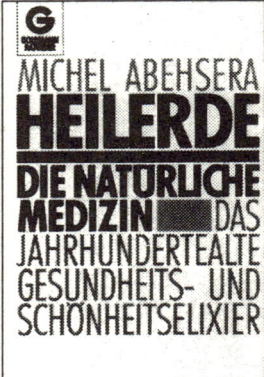

Heilerde –
die natürliche Medizin 10420

Die Heilkunst der Chinesen 10437

Shiatsu für Anfänger 13590

Goldmann · Der Taschenbuch-Verlag

GOLDMANN

Fit fürs Leben

Fit fürs Leben   13533

*Fit for Life –
die Bestseller
von Harvey
und Marilyn
Diamond.
Über 1 Million
verkaufte
Exemplare!*

Fit fürs Leben   13621

Fit for Live Das Kochbuch   30570

Goldmann · Der Taschenbuch-Verlag

GOLDMANN

Kochen und Gesundheit

Mein Kochbuch   10838

Mein Gesundheitsbuch   13584

Die vitalstoffreiche Vollwertkost   13654

Vollwertkost locker flockig   10487

Goldmann · Der Taschenbuch-Verlag

GOLDMANN

Körper und Wohlbefinden

Bade dich gesund! 10380

Bauchtanz 13650

Luna-Yoga 13535

Das Stretching-Handbuch 13517

Goldmann · Der Taschenbuch-Verlag

GOLDMANN TASCHENBÜCHER

Das Goldmann Lesezeichen mit dem Gesamtverzeichnis erhalten Sie im Buchhandel oder gegen eine Schutzgebühr von DM 3,– direkt beim Verlag.

Literatur · Unterhaltung · Thriller · Frauen heute · Lesetip
FrauenLeben · Filmbücher · Horror · Pop-Biographien
Lesebücher · Krimi · True Life · Piccolo · Young Collection
Schicksale · Fantasy · Science-Fiction · Abenteuer
Spielebücher · Bestseller in Großschrift · Cartoon · Werkausgaben
Klassiker mit Erläuterungen

****

Sachbücher und Ratgeber:

Politik/Zeitgeschehen/Wirtschaft · Gesellschaft
Natur und Wissenschaft · Kirche und Gesellschaft · Psychologie
und Lebenshilfe · Recht/Beruf/Geld · Hobby/Freizeit
Gesundheit und Ernährung · FrauenRatgeber · Sexualität und
Partnerschaft · Ganzheitlich heilen · Spiritualität und Mystik
Esoterik

****

Ein SIEDLER-BUCH bei Goldmann
Magisch Reisen
ReiseAbenteuer
Handbücher und Nachschlagewerke

Goldmann Verlag · Neumarkter Str. 18 · 81664 München

Bitte senden Sie mir das neue Gesamtverzeichnis.

Name: _____

Straße: _____

PLZ/Ort: _____